KÖNIGS ERLÄUTERUNGEN SPEZIAL

Textanalyse und Interpretation zu

Georg Trakl

DAS LYRISCHE SCHAFFEN

von Bernd Matzkowski

Alle erforderlichen Infos für Abitur, Matura, Klausur und Referat
plus Musteraufgaben mit Lösungsansätzen

Zitierte Ausgabe:
Trakl, Georg: *Das dichterische Werk. Auf Grund der historisch-kritischen Ausgabe von Walther Killy und Hans Szklenar*. München: dtv, 2008. Nach dieser Ausgabe wird aus den Gedichten Georg Trakls mit der Sigle TRA und der Seitenzahl zitiert.

Über den Autor dieser Erläuterung:
Bernd Matzkowski ist 1952 geboren. Er ist verheiratet und hat vier Kinder.
Lehrer am Heisenberg-Gymnasium Gladbeck
Fächer: Deutsch, Sozialwissenschaften, Politik, Literatur/Theater
Ausbildungskoordinator

Hinweis:
Die Rechtschreibung wurde der amtlichen Neuregelung angepasst. Zitate und die Gedichte von Georg Trakl sind in der alten Rechtschreibung belassen.

1. Auflage 2011
ISBN 978-3-8044-3061-7

VORWORT 4

1 GEORG TRAKL: LEBEN UND WERK 8

1.1 Biografie 8
1.2 Zeit- und literaturgeschichtlicher Hintergrund 13

2 GEORG TRAKL: DAS LYRISCHE SCHAFFEN – EINFÜHRUNG UND INTERPRETATIONEN 35

2.1 Einführung: Würdigung des lyrischen Gesamtwerkes 35
2.2 Besonderheiten der Lyrik Georg Trakls 45
2.3 Interpretationen 56
Andacht 56
An die Schwester 62
An einem Fenster 68
Confiteor 74
De profundis 79
Der Gewitterabend 89
Die schöne Stadt 94
Grodek 102
Im Winter 114
Kaspar Hauser Lied 124
Verfall 138
Vorstadt im Föhn 148

LITERATUR 159

VORWORT

„Der Techniker befestigte die Batterie an Cassies Jeans (…). Als sie ihn verständnislos anblickte, sagte O'Kelly ungeduldig: ‚Sagen Sie irgendwas, was Ihnen einfällt, Maddox, erzählen Sie uns von mir aus, was sie am Wochenende vorhaben', doch stattdessen rezitierte sie ein Gedicht. Es waren Gedichtzeilen von der Sorte, wie man sie vielleicht in der Schule auswendig lernen muss. Als ich lange danach in einem verstaubten Buchladen Seiten durchblätterte, stieß ich darauf:

Da macht ein Hauch mich von Verfall erzittern.
Die Amsel klagt in den entlaubten Zweigen.
Es schwankt der rote Wein an rostigen Gittern,
Indes wie blasser Kinder Todesreigen
Um dunkle Brunnenränder, die verwittern,
Im Wind sich fröstelnd blaue Astern neigen.

Ihre Stimme war leise und gleichmäßig, ohne Ausdruckskraft. (…) Ich musste an die Gespenstergeschichten denken, in denen die Stimmen der Toten aus knisternden Radios oder über Telefone zu ihren Lieben sprechen, von verlorenen Wellen über die Gesetze der Natur hinweg und durch die wilden Räume des Universums getragen."[1]

Die zitierte Passage stammt aus dem 2008 in Deutschland erschienenen Kriminalroman *Grabesgrün* der 1973 in den USA geborenen

---

1   Tana French, *Grabesgrün*. Frankfurt am Main: Fischer, 2009. S. 607 f.

und seit 1990 in Irland lebenden Autorin Tana French. In dem mit mehreren Preisen ausgezeichneten Romandebut geht es um die Aufklärung eines Mordes an einem Mädchen. In der obigen Passage wird die Polizistin Cassie Maddox mit einem Mikrophon und einem Sender verkabelt, um das Gespräch mit einer Verdächtigen aufzeichnen zu können. Bei der von ihrem Chef O'Kelly geforderten Sprechprobe zur Überprüfung der Abhöreinrichtung zitiert die Detektivin die letzten sechs Verse aus Georg Trakls Sonett *Verfall*, das der Detektiv und Ich-Erzähler Rob Ryan später zufällig beim Stöbern in einem Buchladen wiederfindet.

Mag es schon erstaunlich erscheinen, dass die Detektivin eines in Irland spielenden Kriminalromans Trakl zitiert, so ist es noch erstaunlicher zu nennen, dass der Ich-Erzähler, der Text und Verfasser zunächst ja nicht kennt, zwei Dinge erfasst: Wenn er meint, die Zeilen könnten aus einem Gedicht sein „von der Sorte, wie man sie in der Schule vielleicht auswendig lernen muss", so ist diese Vermutung insofern stimmig, als Georg Trakl neben Ernst Stadler, Georg Heym, Gottfried Benn, August Stramm und Alfred Lichtenstein, Else Lasker-Schüler und Alfred Wolfenstein nicht nur als eine der herausragenden Gestalten der Lyrik in der Epoche des Expressionismus, sondern, weit über diese kurze Phase hinaus, als einer der bedeutendsten deutschsprachigen Lyriker des 20. Jahrhunderts überhaupt gelten kann. Er gehört zu den (im deutschsprachigen Raum) „kanonisierten" Lyrikern, also zu jenen Autoren, von denen sich in nahezu jeder Gedichtanthologie und jedem Lehrwerk für die höheren Klassen Gedichte werden finden lassen. So ist Georg Trakl etwa in dem von Benno von Wiese, dem „Altmeister" der Germanistik, im Jahre 1957 herausgegebenen Sammelband *Die deutsche Lyrik (Bd. 2)* ebenso vertreten wie in der jüngeren Sammlung von Dieter Erlach *Stationen der Literatur (Lyrik vom Mittelalter bis zur Gegenwart)* aus dem Jahre 1986 oder der aktuellen Ausgabe des Lehrwerks *Texte, Themen und Strukturen* von Bernd Schurf u. a. aus dem Jahre 2009.

Zudem erfasst der Ich-Erzähler des Romans *Grabesgrün*, wenn ihn die Verse an Gespenstergeschichten und die Stimmen von Toten erinnern, die von „verlorenen Wellen" durch die „wilden Räume des Universums getragen werden", nahezu instinktiv eine Besonderheit des Lyrikers Trakl, das nämlich, was man den „eigentümliche(n), unverwechselbare(n) Trakl-Ton"[2] nennen könnte, also die häufig düster-dunkel anmutende Stimmung, den melancholischen Klang und die „Musikalität" der Gedichte des österreichischen Autors, die in den zitierten sechs Versen u. a. durch Signalwörter wie *Verfall, blasser Kinder Todesreigen, klag(en), verwittern* und *frösteln* hervorgerufen werden.

Und wenn es im Roman heißt, die Detektivin trage die Zeilen des Gedichts mit leiser und gleichmäßiger Stimme und „ohne Ausdruckskraft" vor, dann wird sogar ganz offensichtlich der Vortragston Trakls selbst getroffen, über dessen einzige öffentliche Lesung in den *Innsbrucker illustrierten Neuesten Nachrichten* vom 14.12.1913 (S. 5) geschrieben stand: „Georg Trakl erntete mit seinen geistvollen Gedichten (...) reichen Applaus, wenngleich seine Vorlese-Art besser für einen intimen Zirkel als für einen größeren Saal paßt und die zuweilen *übergroße Gedämpftheit des Vortrages* manches untergehen ließ."[3]

Man kann wohl davon ausgehen, dass die Autorin Tana French die sechs Zeilen aus dem Gedicht *Verfall* nicht zufällig ausgewählt hat. Sie stehen nicht nur in einem inhaltlichen Zusammenhang mit der Kriminalgeschichte, die sie erzählt (der aber hier nicht weiter erläutert werden kann), sondern das Gedicht *Verfall* kann als ex-

--- ---

2   Meurer, S. 60
3   Zitiert nach TRA, S. 323 [Kursivsetzung nicht im Original, BM]

emplarisch, nahezu leitmotivisch für das Werk Trakls überhaupt angesehen werden. „Das Sonett *Verfall* ist ein Schlüsselgedicht im Werk Trakls. Der herbstliche Garten bleibt nicht nur ein ständig wiederkehrendes Motiv des Dichters, es ist geradezu das Modell der von ihm gestalteten Welt, der poetischen Landschaft, die sich in den nachfolgenden Gedichten entfaltet."[4] In diese „poetische Landschaft" des Dichters Georg Trakl einzuführen, ist eine Absicht dieses Erläuterungsbandes.

Einige ausgewählte Gedichte des im Jahre 1887 geborenen Georg Trakl werden (in alphabetischer Abfolge) ausführlich besprochen und in den Kontext seiner Biografie, der Zeitgeschichte und der literarischen Strömung des Expressionismus gesetzt, um eine Annäherung an das hermetisch-chiffrenhafte Werk Trakls zu ermöglichen, dessen Schaffen durch seinen Tod (Selbstmord) bereits im Jahre 1914 ein Ende gesetzt wurde. Ob, wie Detektiv Rob Ryan meint, Trakls Gedichte in Schulen noch auswendig gelernt werden (müssen), mag dahin gestellt sein. Dass eine Beschäftigung mit ihnen aber lohnenswert ist, kann ohne Zweifel gesagt werden.

---

4   Kleefeld, S. 117f.

Georg Trakl
1887–1914
© akg-images

1. GEORG TRAKL: LEBEN UND WERK

1.1 Biografie

JAHR	ORT	EREIGNIS	ALTER
1887	Salzburg	Georg Trakl wird am 3. Februar als viertes Kind des Eisenhändlers Tobias Trakl und seiner Frau Maria Catharina geboren; der Vater bringt einen Sohn aus erster Ehe mit in die Familie	
1890	Salzburg	Geburt des Bruders Fritz[5]	3
1891	Salzburg	Geburt der Schwester Margarethe (Grete)[6]	4
1893	Salzburg	Die Familie zieht in das Haus am Waagplatz Nr. 3; unten befindet sich die Eisenhandlung von Tobias Trakl, im Stockwerk darüber wohnt die Familie; Georg Trakl bezieht zunächst mit seinem Bruder Fritz ein Zimmer, später (als Gymnasiast) hat er einen eigenen Raum; die Kinder werden von einer Gouvernante (Marie Boring) erzogen	6
1897	Salzburg	Georg Trakl wird Schüler des Staatsgymnasiums (am Salzburger Universitätsplatz)	10
1901	Salzburg	Wiederholung der vierten Gymnasialklasse	14
1904	Salzburg	Trakl beginnt mit ersten dichterischen Versuchen; er wird in dieser Zeit u. a. durch die Werke der Dichter Rimbaud, Verlaine, Hofmannsthal und George beeinflusst;	17

----

5 Bezüglich der Geburtsjahre von Fritz und Margarethe Trakl sind verschiedene Angaben in der Literatur zu finden. So nennt der Trakl-Biograph Basil das Jahr 1889 für Fritz' Geburt, die historisch-kritische Ausgabe von Killy/Szklenar und www.literaturnische.de dagegen das Jahr 1890.
6 Die Angaben zu Margarethes Geburt variieren zwischen 1892 (Basil; www.dhm.de/lemo) und 1891 (Killy/Szklenar; www.literaturnische.de)

JAHR	ORT	EREIGNIS	ALTER
1904	Salzburg	Mit Gleichgesinnten gründet Georg Trakl den Dichterverein *Apollo* (später in *Minerva* umbenannt)	17
1905	Salzburg	Georg Trakl verlässt das Gymnasium ohne Abitur, aber mit dem Abschluss Mittlere Reife und beginnt ein Praktikum in der Apotheke *Zum weißen Engel*; erste Versuche als Dramatiker unter dem Einfluss seiner Freundschaft mit dem Dichter Gustav Streicher; Vorbilder für sein dramatisches Schaffen sieht Trakl u. a. in Ibsen und Strindberg	18
1906	Salzburg	Am 31. März wird Trakls Einakter *Totentag* uraufgeführt (Salzburger Stadttheater); im Mai erscheint im *Salzburger Volksblatt* seine Skizze *Traumland*; am 15. September kommt sein Einakter *Fata Morgana* auf die Bühne (Stadttheater)	19
1907	Salzburg	Trakl experimentiert mit Rauschgiften (u. a. Chloroform, Opium, Morphium); Bordellbesuche	20
1908	Salzburg/ Wien	Im Februar legt Trakl die Tirocinalprüfung (Prüfung zum Beruf des Pharmazeuten) ab; Trakl nimmt an der Universität in Wien ein Pharmaziestudium auf	21
1909	Wien/ Salzburg	Trakl legt Vorexamina ab; im September kommt seine Schwester Grete nach Wien (Aufnahme an der Wiener Musikakademie); Veröffentlichung von drei Gedichten Trakls in der Zeitschrift *Neues Wiener Journal*	22

1.1 Biografie

JAHR	ORT	EREIGNIS	ALTER
1910	Salzburg/ Wien	Tod des Vaters, finanzielle Schwierigkeiten der Familie; *Verfall, Gewitterabend, Die schöne Stadt* und andere Werke entstehen; im Juli schließt Trakl das Studium als Magister der Pharmazie ab; Grete Trakl übersiedelt nach Berlin; ab 1. Oktober: Antritt des Dienstes als Einjährig-Freiwilliger bei der Armee (Sanitätsabteilung 2)	23
1911	Wien/ Innsbruck/ Salzburg	Trakls Dienstzeit endet am 30. September; Versetzung in das nicht-aktive Dienstverhältnis; Stationierung in Innsbruck; Trakl wird Mitarbeiter der *Engel-Apotheke* in Salzburg (Oktober bis Dezember); er verfällt zeitweilig in Depressionen und starke Trunkenheit; am 1. Dezember wird Trakl in den Leutnantsrang (Sanitätsdienst) erhoben	24
1912	Innsbruck/ Wien	Trakl arbeitet eine Zeit lang als Militärmedikamentenbeamter in Innsbruck; Ende 1912 arbeitet er im Arbeitsministerium in Wien, kündigt aber nach einem Tag bereits wieder; Trakls Gedicht *Vorstadt im Föhn* erscheint am 1. Mai in der Innsbrucker Zeitschrift *Der Brenner*, deren Herausgeber Ludwig von Ficker Trakl wenig später auch persönlich kennenlernt; weitere seiner bekanntesten Gedichte entstehen (u. a. *Traum des Bösen, De profundis*); Heirat Grete Trakls mit Arthur Langen in Berlin	25

1.1   Biografie

JAHR	ORT	EREIGNIS	ALTER
1913	Innsbruck/ Salzburg/ Wien	Anfang des Jahres Aufenthalt in Salzburg; Veröffentlichung weiterer Gedichte im *Brenner*; Veröffentlichung einer Sammlung von Gedichten durch den Leipziger Verleger Kurt Wolff; Juli/August Tätigkeit im Wiener Kriegsministerium; Ende August Reise nach Venedig (Treffen u. a. mit Karl Kraus und Ludwig von Ficker); am 10. Dezember liest Trakl in Innsbruck zum einzigen Mal öffentlich aus seinem Werk vor; Trakl beginnt, seine Gedichte in einer chronologischen Ordnung zu erfassen	26
1914	Innsbruck, (Berlin), Krakau	Weitere Texte Trakls erscheinen im *Brenner* Anfang des Jahres (u. a. *Traum und Umnachtung*), Arbeit an der Sammlung *Sebastian im Traum*; im März Besuch der Schwester Grete in Berlin, die schwer erkrankt ist und eine Fehlgeburt erleidet; in Berlin Begegnung mit Else Lasker-Schüler; zurück in Innsbruck hegt Trakl Auswanderungspläne (Holländisch-Indien); zwischen Juni und Oktober entstehen die letzten Gedichte; Juli: Beginn des 1. Weltkriegs; Einberufung Trakls; am 24. August Aufbruch in den Krieg als Militärapotheker/Medizinalassistent; Teilnahme Trakls an der Schlacht von Grodek (Ostgalizien, heute: Ukraine), Selbstmordversuch Trakls;	27

1.1 Biografie

JAHR	ORT	EREIGNIS	ALTER
1914	Krakau	Mitte Oktober wird Trakl in die Psychiatrische Abteilung des Krakauer Garnisonshospitals zur Beobachtung eingewiesen; dort besucht ihn Ludwig von Ficker am 25./26. Oktober; am 27. Oktober schickt Trakl von Ficker seine letzten beiden Gedichte nach (*Klage*, *Grodek*); am 3. November stirbt Georg Trakl an Herzversagen (Einnahme einer Überdosis Kokain); am 6. November wird er in Krakau bestattet	27
1915	Leipzig	Veröffentlichung der letzten Gedichte im *Brenner-Jahrbuch*; die Gedichtsammlung *Sebastian im Traum* erscheint in Leipzig	
1917		Trakls Schwester Grete begeht am 21. 11. Selbstmord	
1919	Leipzig	Die erste Gesamtausgabe der Gedichte erscheint (in der Anordnung von Karl Röck) in Leipzig	
1925	Mühlau	Trakls Leichnam wird nach Österreich überführt und auf dem Friedhof von Mühlau (bei Innsbruck) beigesetzt	

1.2   Zeit- und literaturgeschichtlicher Hintergrund

Georg Trakl lebte in den letzten beiden Jahrzehnten des 19. und in den ersten beiden Jahrzehnten des 20. Jahrhunderts, mithin in der Kernphase jenes literarischen **Epochenumbruchs**, der als Aufbruch in die **Moderne** verstanden wird und als dessen historische Eckpunkte die Gründung des deutschen (Kaiser-)Reiches im Jahre 1871 und der 1. Weltkrieg (1914–1918) und seine politischen Folgen gesehen werden können (Oktoberrevolution in Russland 1917, Zusammenbruch des Kaiserreichs und Gründung der Weimarer Republik 1918/19, Veränderung der politischen Landschaft in Europa).

Zeitgeschichtlicher Hintergrund

Dieser Epochenumbruch vom 19. ins 20. Jahrhundert war in **Deutschland** nicht nur durch einschneidende politische, ökonomische, soziale, technisch-naturwissenschaftliche sowie geistes- und gesellschaftswissenschaftliche Veränderungen geprägt, sondern auch durch die Entwicklung unterschiedlicher literarischer Strömungen, die sich teilweise voneinander abgrenzen, aber auch ineinander übergehen bzw. sich überlappen. Poetischer Realismus (1848–1890), Naturalismus (1880–1900), Ästhetizismus/Symbolismus/Fin de Siècle (1890–1920) und Expressionismus (1910–1925) sind die Strömungen, die diese Jahrzehnte prägten und in denen Autoren wie Storm, Fontane, Hauptmann, Schnitzler, Rilke, die Expressionisten Benn, Heym, Trakl u. a. wirkten, in denen die ersten Werke Thomas Manns und Bertolt Brechts erschienen und Franz Kafka die literarische Bühne betrat.

Die Jahre um die Jahrhundertwende waren, allgemein gesprochen, durch die Beschleunigung aller Lebensbereiche (industri-

Epochenumbruch

**Entwicklung
der Städte**

elle Fabrikproduktion, Verkehr, Kommunikation) und durch die
Entwicklung hin zur Vermassung und das Anwachsen großer
Städte gekennzeichnet. Dabei ist zu berücksichtigen, dass „um
1870 in Deutschland mehr als 60 % der Werktätigen in der Landwirtschaft beschäftigt waren und die vorkapitalistische Kleinstadt
der vorherrschende Siedlungstyp war."[7] Nun aber entwickelten
sich mit ungeheurer Rasanz die Großstädte. Die Bevölkerung im
Kaiserreich wuchs, ca. 67 Millionen Menschen lebten 1914 in
Deutschland, davon rund ⅔ in den Städten. Als Beispiel kann die
Entwicklung Berlins dienen: Hatte die Stadt im Jahre 1850 rund
400 000 Einwohner, so waren es im Großraum Berlin um 1900 bereits fast zwei Millionen Einwohner, und zu Beginn der zwanziger
Jahre annähernd vier Millionen.

Ebenso kennzeichnend für diese Phase ist der Aufschwung der
Naturwissenschaften und der Technik: 1895 wurden die Röntgen-
strahlen entdeckt, 1896 wurde der U-Bahn-Bau in Berlin in Angriff
genommen, ab 1900 „fuhren" die Zeppeline, 1905 stellte Einstein
die Relativitätstheorie auf, um nur einige Beispiele zu nennen. Die
Gedanken von Karl Marx, Charles Darwin und Sigmund Freud bra-
chen sich in diesen Jahrzehnten Bahn und es entstand ein neues
Menschenbild: Der Mensch wurde nun als Produkt gesellschaft-
licher Verhältnisse (Marx), als Ergebnis der Evolution (Darwin)
und als von psychischen Instanzen gesteuertes Wesen (Freud)
gesehen.

**Wirtschaftliche
Entwicklung**

Seit 1834 gab es den Zollverein. Mit der Reichseinigung von
1871 (kleindeutsche Lösung unter Ausschluss Österreichs) nahm
die ökonomische Entwicklung Deutschlands, das nun als einheit-
licher Wirtschaftsraum existierte, rasch Fahrt auf. Die kapitalis-
tische Akkumulation führte zu großen Industrieimperien, vor allem

---

7   Jansen, S. 18

im Bereich von Kohle und Stahl, Energiewirtschaft und Elektro-industrie, für die hier stellvertretend die Namen Krupp, Thyssen, Siemens und Bosch genannt werden sollen. Wurden 1860 in Deutschland 12,3 Millionen Tonnen Steinkohle gefördert, so waren es im Jahre 1900 bereits über 109 Millionen Tonnen. Deutschland wurde neben England zum bedeutendsten Kohleproduzenten der Welt, der etwa ein Viertel der Weltproduktion an Kohle förderte. Die Stahlerzeugung nahm zu. Große Zuwächse verzeichneten ebenso die Eisenproduktion und die chemische Produktion und im Zusammenhang mit letzterer (Düngemittelherstellung) auch die Landwirtschaft. Das zügig ausgebaute Eisenbahnnetz beförderte diese Entwicklung (1870 umfasste das Streckennetz 19 575 km, am Ende des Jahres 1900 bereits über 61 000 km). Deutschland etablierte sich im letzten Viertel des 19. Jahrhunderts als ökonomische Großmacht, in der alles unter das Juggernaut-Rad[8] eines entfesselten Kapitalismus geriet und deren Wirtschaftskraft (gemessen nach Im- und Exporten) die der benachbarten Länder bald überflügelte. Es kam zur Bildung großer Kartelle, und Deutschland ging in eine Phase der Entwicklung über, in der Industrie- und Bankkapital zum Finanzkapital verschmolzen und sich Monopole bildeten. „Durch Zusammenschlüsse entstanden Großbanken, die miteinander in Konkurrenz stehende Unternehmen kontrollierten. Durch die zentrale Kontrolle, die sie ausübten, hatten die Banken den Überblick, gewinnbringende Gelegenheiten zur Kartellbildung und Verschmelzung rasch erkennen zu können. Infolgedessen nahm die durchschnittliche Betriebsgröße zu."[9]

---

8   Metaphorischer Ausdruck aus dem Englischen, der eine unaufhaltbare Kraft symbolisiert, die alles niederwalzt und vernichtet, was ihr im Wege steht.

9   Pfahlmann, S. 7. Als Beispiel für die Rolle der Banken sei auf die „Deutsche Bank" verwiesen; dieses nach 1870 gegründete Institut war 1908 bereits in fast 160 Vorständen und Aufsichtsräten von Industrieunternehmen vertreten; siehe zu den in diesem Abschnitten angegeben Daten zur wirtschaftlichen Entwicklung Deutschlands etwa Köllmann, S. 16 f. und Ripper, S. 21 f.

1.2   Zeit- und literaturgeschichtlicher Hintergrund

Deutschland –
eine „verspätete
Nation"

Im Vergleich zu den anderen europäischen Nationalstaaten war Deutschland eine „verspätete Nation" im Kampf um koloniale Besitzungen. Angesichts der wirtschaftlichen Entwicklung sollte sich das nun durch eine aggressivere Außenpolitik ändern, für die eine Formulierung des späteren Reichskanzlers Bernhard von Bülow, geprägt in der Reichstagsdebatte am 6. 12. 1897, sprichwörtlich geworden ist: Deutschland wollte im Konzert der Großen mitspielen und forderte seinen „Platz an der Sonne". Dies sollte umso mehr gelten, als die „Kolonialmacht" Deutschland, gemessen an Frankreich und England, von eher untergeordneter Bedeutung war. [10] Diese aggressive Außenpolitik, getragen von einem starken Nationalismus und teilweise mit chauvinistischen und bereits deutlich rassistischen Untertönen versehen, verstärkte sich nach dem Rücktritt des Reichskanzlers Otto Fürst von Bismarck im März 1890. So baute Deutschland unter Wilhelm II.[11] erstmals eine Kriegsflotte auf, was sich gegen die zu dieser Zeit vorherrschende Seemacht England richtete und zugleich die Möglichkeit eröffnen sollte, außenpolitischen Entscheidungen militärischen Druck zu verleihen („Flottengesetze" im Jahre 1898 und 1900). „Das Kaiserreich wurde im Sieg über den ‚Erbfeind' Frankreich geschaffen. Später freilich genügte er nicht mehr, weil er sozusagen nur die Dimensionen eines für Preußen angemessenen Gegenspielers besaß. Der wilhelminische Traum von der ‚Weltmacht', statt einer europäischen Großmacht, vom industriellen Fortschritt beflügelt, richtete sich daher mehr und mehr gegen das seebeherrschende und im 19. Jahrhundert wirtschaftlich führende England. So ent-

---

10   Die deutsche Kolonialhoheit umfasste sieben „Schutzgebiete" mit einer Gesamtfläche von etwas mehr als 2,6 Millionen Quadratkilometern (zum Vergleich England: 27,8 Millionen Quadratkilometer).

11   Wilhelm II. bestieg im sogen. „Drei-Kaiser-Jahr" 1888 den Thron. Am 9. März starb Wilhelm I., sein Nachfolger wurde sein Sohn Friedrich III., der aber nur 99 Tage regierte. Nach seinem Tod wurde Friedrichs Sohn Wilhelm II. Kaiser.

stand das große und ganz neuartige Machtprojekt der wilhelminischen Zeit, der Schlachtflottenbau, an dem sich das Bürgertum ebenso begeisterte wie der Kaiser (…)." [12]

Letztlich blieben die kolonialen Zugewinne Deutschlands aber ökonomisch und strategisch unbedeutend. Im Konzert der Staaten im Kolonialismuszeitalter spielte Deutschland keine Hauptrolle. Bündnispolitisch gab es in Europa in den Jahren bis zum 1. Weltkrieg zwei Blöcke: auf der einen Seite waren Deutschland, Österreich-Ungarn und Italien im Dreibund-Vertrag verbunden, auf der anderen Seite standen England und Frankreich (trotz einiger kolonialer Widersprüche) sowie Russland als Bündnispartner (sogen. „Triple-Entente").

Führte die Reichseinigung von 1871 zu einem gewaltigen ökonomischen Schub in Deutschland, so war die politische Struktur seitdem durch eine Mischung liberaler (demokratischer) und dominierender monarchischer Elemente gekennzeichnet. Der (erbrechtliche) Kaiser, der zugleich König von Preußen war, stand an der Spitze des deutschen Bundesstaates, der zwar aus 25 Einzelstaaten bestand, aber von dem hegemonialen Preußen bestimmt wurde. Die Macht konzentrierte sich insofern letztlich beim Kaiser, als dieser das Reich nach außen vertrat, den militärischen Oberbefehl innehatte, verbindliche Verträge schließen, den Reichskanzler und die Minister ernennen und entlassen konnte. Der Kanzler war dem Kaiser gegenüber verantwortlich, nicht etwa dem Reichstag. Dieser hatte zwar eine Budgethoheit, konnte aber weder den Kaiser noch den Kanzler kontrollieren, durfte Gesetze zwar ablehnen, aber nicht alleine aufheben oder gar neue Gesetze erlassen und konnte vom Kaiser, gemeinsam mit dem Bundesrat (der Vertre-

Die politische und soziale Struktur Deutschlands

---

12 Krockow, S. 32; Wilhelm II. finanzierte die Flotte übrigens u. a. durch die 1902 eingeführte „Schaumweinsteuer" (Sektsteuer), die es noch heute gibt.

tung der deutschen Fürsten) aufgelöst werden. Goette fasst diese ökonomische und politische Entwicklung so zusammen: „Das Deutsche Reich von 1871 war die Schöpfung Bismarcks: eine Verbindung des preußischen Militär- und Obrigkeitsstaates mit den führenden Schichten des durch Handel und Industrie erstarkten liberalen Bürgertums. Die alte Agrar-Aristokratie verbündete sich mit der neuen industriellen Aristokratie gegen den linken Liberalismus und die Sozialdemokratie (…). Das Bürgertum war zwar wirtschaftlich erfolgreich, versagte aber politisch. Die Umwandlung in eine parlamentarische Demokratie gelang dem Bürgertum – im Unterschied zu den westeuropäischen Staaten – nicht. Es hatte dem Adel den Staat überlassen müssen (…)."[13] Das preußisch-wilhelminische Kaiserreich stellte sich unter den genannten Grundbedingungen als eine hierarchisch gefügte Gesellschaft von vier Hauptgruppen dar, deren zahlenmäßig stärkste die wachsende Gruppe der Industriearbeiterschaft war (siehe Grafik auf S. 19).

Die Dominanz des preußisch-militaristischen Denkens der wilhelminischen Ära und die (politische) Schwäche eines freiheitlich gesinnten Bürgertums, das verstärkte Aufkommen von Nationalismus und Chauvinismus, die außenpolitischen Widersprüche und Niederlagen, die innere Zerrissenheit (Verstärkung der Klassengegensätze, Wahlerfolge der SPD, die 1912 stärkste Partei im Reichstag wurde) und eine schwächelnde Ökonomie in Deutschland (ab 1913) sowie verschärfte Gegensätze zwischen den Großmächten führten mit Beginn des 2. Jahrzehnts des 20. Jahrhunderts zu einem Anwachsen der Spannungen auf internationaler Ebene. Diese deuteten krisenhaft auf eine militärische Auseinandersetzung hin

Anwachsen der internationalen Spannungen

---

13 Goette, S. 9; in Theodor Fontanes *Effi Briest* spiegelt sich die Stellung des Adels in der politischen Sphäre insofern wider, als Geert von Instetten, der Ehemann Effis, Karriere als Verwaltungsbeamter macht und schließlich eine Anstellung in der Berliner Ministerialbürokratie bekommt.

1.2   Zeit- und literaturgeschichtlicher Hintergrund

GESELLSCHAFTSPYRAMIDE

Adel
(etwa 1 % der Gesamtbevölkerung): führende Position in Diplomatie, Ministerialbürokratie, Militär und bei Hofe.

Großbürgertum (Bourgeoisie) (etwa 5 % der Gesamtbevölkerung): Unternehmer, Bankiers, Kaufleute; mit starker Orientierung am Adel in Lebensstil und politischen Grundüberzeugungen.

Mittelstands- und Kleinbürgertum (z. T. auch Bildungsbürgertum) (etwa 30–40 % der Gesamtbevölkerung): höhere Beamte, Professoren, Anwälte, Ärzte, Architekten, Handwerker, Händler, etc.; allmählicher Bedeutungsverlust.

(Industrie-)Arbeiterschaft
(etwa 50–60 % der Gesamtbevölkerung): Kampf um Statusverbesserung (Lohn) und Absicherung der sozialen Verhältnisse (Krankenversicherung, Unfallversicherung, Alters- und Invaliditätsversicherung); gewerkschaftliche und parteipolitische Organisation (SPD).

und entluden sich letztlich im 1. Weltkrieg, für den das Attentat auf den österreichischen Thronfolger, Erzherzog Franz Ferdinand, und seine Frau, Herzogin Sophie von Hohenberg, am 28. Juni 1914 in Sarajevo nur Anlass war. Wilhelm II. ordnete die allgemeine Mobilmachung an und erklärte Russland am 1. August 1914 den Krieg, nachdem er nach dem Attentat dem (militärisch) schwachen Habsburger Vielvölkerstaat durch das Versprechen unbedingter Unterstützung im Grunde einen Blanko-Scheck ausgestellt hatte. Der 1. Weltkrieg begann.

In diesen Krieg trat Deutschland an der Seite **Österreich-Ungarn**s ein, der Heimat Georg Trakls, die seit 1867 als Doppelmonarchie existierte. Deutschland hatte sich schon 1908 in der Bosnien-Krise, der Annexion Bosniens und der Herzegowina durch Österreich-Ungarn, an die Seite der Donaumonarchie gestellt (Reichskanzler von Bülow sprach in diesem Zusammenhang von der „Nibelungentreue" Deutschlands zu Österreich-Ungarn). Diese Bündnistreue betonte der deutsche Kaiser auch nach dem Attentat von Sarajewo. Österreich-Ungarn sah seinen Einfluss auf dem Balkan gefährdet, denn dort strebte Serbien, unterstützt von Russland, nach dem Aufbau eines Reiches unter panslawistischer Flagge und unter Einschluss Kroatiens und Bosniens. Das Attentat von Sarajewo bot nun die Möglichkeit, diesen Bestrebungen kriegerisch entgegenzuwirken. Am 28. Juli erklärte Österreich-Ungarn Serbien den Krieg; am 30. Juli begann die Generalmobilmachung in Russland, das mit Serbien verbündet war. Die Betonung der Bündnistreue durch den deutschen Kaiser wirkte auf Österreich-Ungarn wie ein Signal der Zustimmung zu einem Krieg, der Österreichs Rolle als Vormacht auf dem Balkan sichern sollte. Österreich hatte seine Machtstellung im Deutschen Bund nach dem Krieg von 1866 bereits eingebüßt. Die Entscheidung Bismarcks für die kleindeutsche Lösung im Einigungsprozess hatte nicht nur die Vorherr-

Österreich und
der 1. Weltkrieg

schaft Preußens zum Resultat, sondern machte die österreichisch-ungarische Doppelmonarchie zu einer Regionalmacht. Der Verlust Bosniens, Kroatiens und Serbiens hätte Österreichs Bedeutung weiter geschmälert.

Der Vielvölkerstaat an der Donau wurde seit 1848 von Kaiser Franz Joseph I. regiert (Ende der Regentschaft: 1916). In seinem Staat stand einer Minderheit von Deutsch-Österreichern eine ¾-Mehrheit unterschiedlicher Nationalitäten gegenüber, zu denen u. a. etwa Tschechen, Ungarn, Kroaten, Bosnier, Italiener und Juden aus Galizien gehörten. „Die innere Vielgestaltigkeit der Donaumonarchie mit fünfzehn ethnischen Gruppen, zwölf Hauptsprachen, fünf Religionen, mehreren eigenständigen kulturellen Traditionen und unterschiedlichen sozialen und wirtschaftlichen Niveaus und Interessen entwickelte sich zu einem Konfliktpotential von enormer Sprengkraft, so dass gegen Ende des 19. Jahrhunderts die Auflösungserscheinungen des Habsburger Reiches immer unübersehbarer wurden, begleitet von einem Gefühl der Stagnation und Resignation."[14]

Österreich: politische und soziale Lage

Die inneren Widersprüche, die ethnischen und sozialen Konflikte der Doppelmonarchie, wurden durch ein Festhalten an der Pracht des Kaisertums kaschiert und bündelten sich in der Metropole Wien, das seine Einwohnerzahl im Zeitraum von der Mitte des 19. Jahrhunderts bis zur Jahrhundertwende auf zwei Millionen vervierfacht hatte. In Wien konzentrierte sich, in Architektur geronnen, der Glanz des Kaisertums, hierhin strömten aber auch die für die industrielle Entwicklung benötigten Zuwanderer aus den vielen Völkern des Reiches, und hier versammelten sich die intellektuelle Elite Österreichs und die jüdischen Zuwanderer, deren Zahl bis 1910 auf fast 180 000 Personen anstieg. Kulturelle Blüte

Wien – Kulturelle Blüte und soziale Spannungen

14 Kaiser, S. 13

und soziale Spannungen, liberales Denken und marxistische Strömungen einerseits und Antisemitismus andererseits, überkommene politische Strukturen und Streben nach Veränderung bildeten jenes Amalgam, das die Jahrhundertwende in Wien auszeichnet und über dessen Stimmungslage Hermann Broch schrieb: „(…) es reichte gerade noch zur Walzerhaftigkeit. Und eben weil die Werte, welche dieser Gesellschaft noch so etwas wie Festigkeit verliehen, jenseits der kaiserlichen Isolierschicht, also im Abstraktum der Krone, ihren Ursprung hatten, eben weil sie Hochschätzung und Geringschätzung, Schauern und Vertraulichkeit zugleich erregten, wurden sie nicht ernst genommen, und eben durch solch potenzierte Unernsthaftigkeit erhielt die Wiener Frivolität jene eigentümliche Note, die sie von der jeder anderen Großstadt unterschied." [15]

Literaturgeschichtlicher Hintergrund

Das Habsburger Kaisertum, bestimmt durch einen ausgeprägten und reformunfähigen bzw. -unwilligen Traditionalismus und am überkommenen Spanischen Hofzeremoniell festhaltend, stützte sich auf die Aristokratie, einen nach bürokratischen Normen handelnden Beamtenapparat, die katholische Kirche und das Militär, an dessen Spitze Erzherzöge standen, zu dessen Struktur ein Ehrenkodex gehörte und das eher repräsentative Funktion hatte als militärisch-strategische. Als Repräsentant (wenn auch von niederem militärischen Rang) des kaiserlich österreichisch-ungarischen Militärs und seines ideologischen Ehrbegriffs, in dem sich Arroganz und Nationalismus mit Antisemitismus paaren, kann der von Schnitzler gestaltete *Leutnant Gustl* gelten, dessen Existenz sich zwischen Exerzierplatz, „Ehrenduellen", Spieltisch,

---

15 Zitiert nach Prenting, S. 113 f.

gelegentlichen Kulturveranstaltungen, flüchtigen Damenbekannt-
schaften und dem Caféhaus abspielt.[16] Die Caféhäuser, vor allem   *Caféhaus-Kultur*
die in Wien und hier in besonderer Weise das *Café Griensteidl*,
werden ab etwa 1880 zu Treffpunkten der Künstlergeneration, die
unter der Bezeichnung „Junges Wien" firmieren. Arthur Schnitzler, Herrmann Bahr, Hugo von Hofmannsthal, Rudolf Steiner und
Karl Kraus gehören neben anderen zum Kreis der Autoren, die sich
im *Griensteidl* regelmäßig austauschen.[17] Auch der junge Georg
Trakl trifft sich um 1906 mit Gleichgesinnten, zusammengeschlos-
sen im Zirkel *Minerva* (zunächst *Apollo* genannt) in der katholisch
geprägten Provinzstadt Salzburg „mit ihrem starren Kastengeist,
ihren Vorurteilen, ihrem Muckertum, den von der Weiblichkeit
umschwärmten und auch sonst bevorzugten Offizieren"[18] gerne in
Cafés, so etwa im Café *Bazar* und im Café *Tomaselli*. Dort diskutiert
man hitzig Rezensionen der in der Metropole Wien auf die Bühne
gekommenen neusten Dramen und die neue Literatur überhaupt
(Schnitzler, von Hofmannsthal, Wedekind) und stürzt sich in De-
batten über weltanschauliche Fragestellungen.

Die zwei Dekaden vor der Jahrhundertwende und das noch
junge neue Jahrhundert bieten dem Kreis der Provinzstadt-Bo-
hemiens um Georg Trakl Anlass und Stoff genug für ihre Diskus-
sionen. Diese Zeit voller ökonomischer und technischer Ent-   *Vielzahl*
wicklungen, voller politischer und sozialer Prozesse sowie neuer   *literarischer*
Welt- und Menschenbilder bringt ebenso eine Vielzahl literarischer   *Strömungen*
Experimente und Strömungen hervor, die sich im Kontrast zur „of-
fiziellen Kulturpolitik im Wilhelminischen Deutschland" entwickelt
haben, welche sich durch „Klassikerpathos und ‚Heimatliteratur' –

---

16   Vergl. Grobe, S. 24 ff. und Kaiser, S. 41 f.
17   Siehe etwa Prenting, S. 116
18   Basil, S. 53

mit gemütvollen Bauern und breitschultrigen Fischern, die sich gegen das ‚Ungesunde' der Großstadt wenden"[19] ausgezeichnet hat. Diese neuen Strömungen erreichen auch das Österreich Trakls, beeinflussen ihn und sollen deshalb, als Verständnishintergrund für seine Entwicklung als Autor, skizziert werden.

Die Moderne

Diese Strömungen, unter dem Epochenbegriff **Moderne** zusammengefasst, deren Beginn Adorno um das Jahr 1850[20] datiert und als deren literarische Schnittstelle der Übergang vom Realismus zum Naturalismus gelten kann, kennzeichnet Jürgen Habermas mit den Worten:

> „Die Gesinnung der ästhetischen Moderne nimmt mit Baudelaire, auch mit seiner von E. A. Poe beeinflußten Kunsttheorie, deutlichere Konturen an. Sie entfaltet sich in den avantgardistischen Strömungen und exaltiert schließlich im Café Voltaire der Dadaisten und im Surrealismus. Kennzeichnen läßt sie sich durch Einstellungen, die sich um den Fokus eines veränderten Zeitbewußtseins bilden. Dieses spricht sich aus in der räumlichen Metapher der Vorhut, einer Avantgarde also, die als Kundschafter in unbekanntes Gebiet vorstößt, die sich den Risiken plötzlicher, schockierender Begegnungen aussetzt, die eine noch nicht besetzte Zukunft erobert, die sich orientieren, also eine Richtung finden muß in einem noch nicht vermessenen Gelände."[21]

Was in diesen Strömungen also zum Ausdruck kommt, ist (trotz aller Gegensätzlichkeit in den ästhetischen Auffassungen) die Su-

---

19 Goette, S. 11
20 Siehe Habermas, S. 33
21 Habermas, S. 34 f.

che nach einem neuen Blick auf die sich mit hohem Tempo verändernde Welt und die Sicht auf den Menschen in dieser neuen Welt; es ist das, wie Habermas es nennt, Vorstoßen in ein „noch nicht vermessenes Gelände". Dieses „Suchen" führt innerhalb eines recht knappen Zeitraums zu verschiedenen Strömungen, die zeitlich ineinander übergreifen bzw. nebeneinander hergehen und die zunächst in einer schematischen Übersicht dargestellt werden sollen.[22]

STRÖMUNG / VERTRETER	KENNZEICHEN
Poetischer Realismus (ca. 1848–1890) → Theodor Storm (1817–1888) → Theodor Fontane (1819–1898) → Gottfried Keller (1819–1890)	Poetisierung der gesellschaftlichen Wirklichkeit und ihrer Probleme, also keine reine Abbildung der Realität, sondern glaubwürdig gestaltete Fiktion, z. B. bei Fontanes *Effi Briest* Gestaltung der Themen Ehe/Treue/Familie, Emanzipation der Frau, Ehre, Moralkodex/ Duellthematik, poetisiert u. a. durch zentrale Motive und Symbole, etwa die Schaukel, den ‚Chinesenspuk', Naturmetaphorik und Raumsymbolik.

---

22 Zu beachten ist bei dieser Darstellung zweierlei: Die Zeitangaben für die jeweiligen Strömungen sind diejenigen, die sich in der Literaturwissenschaft allgemein durchgesetzt haben. Diese Zeitangaben sind als Orientierungsdaten zu verstehen, so ist etwa die Jahreszahl 1925 für das Ende der Phase des Expressionismus an kein besonderes historisches Datum oder Ereignis gebunden. Zudem haben einige der für die Epochen als prägend genannten Autoren, so etwa G. Benn, im Laufe ihres schriftstellerischen Schaffens eine Entwicklung durchgemacht und sich auch anderen Themen oder Stilformen zugewandt.

1.2   Zeit- und literaturgeschichtlicher Hintergrund

STRÖMUNG / VERTRETER	KENNZEICHEN
Naturalismus (ca. 1880–1900) → Arno Holz (1863–1929) → Gerhart Hauptmann (1862–1946)	– Kunst als Wahrheit, Darstellung der Wirklichkeit in möglichst großer Deckung zwischen Abbild (künstlerischer Gestaltung) und Realität (in einer Formel von Holz: Kunst = Natur − x); – Darstellung des Hässlichen, des Elends; der Mensch im Milieu, als Ergebnis der Zeitumstände, der psychischen Prozesse und als Teil der Masse; – Keine Kunstsprache, sondern Einbeziehung verschiedener Sprachebenen (Dialekt, Alltagssprache), z. B. bei Hauptmanns *Die Weber*: Aufzeigen des Weberelends unter Einbeziehung von Elementen des schlesischen Dialekts.
Symbolismus/Ästhetizismus – Fin de Siècle (ca. 1890–1920) → Arthur Schnitzler (1862–1931) → Hugo von Hofmannsthal (1874–1929) → Hermann Hesse (1877–1962) → Stefan George (1868–1933) → Rainer Maria Rilke (1875–1926)	– In Abgrenzung vom Naturalismus und Realismus (die mit den Strömungen des Impressionismus, des Jugendstils und der Neuromantik geteilt wird) Betonung des Subjektiven, der individuellen (seelischen) Sicht auf die Welt; – Vorstellungskraft, Traum, Unbewusstes werden zu bestimmenden Faktoren; – eine im Untergang befindliche Welt (Fin de Siècle = Untergang des Jahrhunderts) wird auch in ihrer Morbidität ästhetisiert und symbolisch aufgeladen dargestellt, z. B. bei Schnitzler (*Lieutenant Gustl*): Darstellung der inneren/seelischen Vorgänge des Protagonisten durch konsequenten Einsatz des inneren Monologs.

1.2   Zeit- und literaturgeschichtlicher Hintergrund

STRÖMUNG / VERTRETER	KENNZEICHEN
Expressionismus (ca. 1910–1925) → Georg Heym (1887–1912) → Ernst Stadler (1883–1914) → Franz Werfel (1890–1945) → August Stramm (1874–1915) → Else Lasker-Schüler (1869–1945) → Gottfried Benn (1886–1956) → Georg Trakl (1887–1914)	– Radikale Kritik oder Skepsis gegenüber dem Bestehenden, Vorahnung kommender Umwälzungen, Krisenbewusstsein, Schwanken zwischen Zukunftspessimismus und optimistischem Fortschrittsglauben sind Kennzeichen einer Widersprüchlichkeit dieser Strömung bei gleichzeitig radikalem Bruch mit den hergebrachten Darstellungsformen, der u.a. in der Auflösung syntaktischer Strukturen, in Wortneuschöpfungen, in einer starken Bildlichkeit, in Kontrastbildungen und Farbsymbolik sowie im Reihungsstil zum Ausdruck kommt; – Stadt, Masse und Individuum, Tod und Hässliches, Sexualität und Vergnügungen (Theater, Kino, Cafés), Automobilverkehr und Technik werden zu Themen; der 1. Weltkrieg als Schlüsselerlebnis.

Wenn hier zunächst (kurz) auf den poetischen Realismus eingegangen wird, dann aus zwei Gründen: Der **poetische Realismus** (oder auch bürgerlicher Realismus) ist einerseits eine bestimmende Strömung in der zweiten Hälfte des 19. Jahrhunderts und reflektiert die gesellschaftlichen Veränderungen, die nach der (gescheiterten) Revolution von 1848, besonders aber nach der Reichseinigung von 1871, das gesellschaftliche Leben bestimmt haben. Andererseits grenzen sich die Expressionisten vom Realismus (und Naturalismus) ab, insofern ist er Bezugspunkt für die sich zu Beginn des 20. Jahrhunderts entwickelnde Literaturströmung, zu der auch Georg Trakl zu zählen ist. Die Haltung des Realismus gegenüber der Gesellschaft ist häufig durch einen gewissen Skeptizismus mit melancholisch-pessimistischen Untertönen bestimmt,

Poetischer Realismus

der der Fortschrittsgläubigkeit, die mit den Entwicklungen von Technik und Naturwissenschaften in dieser Zeit einhergegangen ist, gegenübersteht. Die Auflösung aller traditionellen Werte und Ideale und letztlich des alten Weltbildes überhaupt, für die Namen wie Feuerbach, Marx und Darwin stehen, empfinden die Vertreter des Realismus eher als Verlust. Anders als bei den dem Realismus zuzurechnenden Schriftstellern Frankreichs, Englands und Russlands (z. B. Balzac, Dickens und Dostojewski) gerät im „poetischen" Realismus Deutschlands die soziale Frage, die mit dem Aufkommen der neuen Klasse des Industrieproletariats entstanden ist und die in dieser Zeit im politischen Raum Marx und Engels aufwerfen (*Kommunistisches Manifest*, 1848), kaum in den Blick. Theodor Fontane hat (in deutlicher Abgrenzung vom Naturalismus) diese „Enthaltsamkeit" gegenüber den Klassenauseinandersetzungen seiner Zeit und der Darstellung der sozialen Verhältnisse der unteren Schichten einmal so formuliert: „Vor allem verstehen wir *nicht* (unter Realismus) das nackte Wiedergeben alltäglichen Lebens, am wenigsten seines Elends und seiner Schattenseiten. (...) Er [der Realismus, BM] ist die Widerspiegelung alles wirklichen Lebens, aller wahren Kräfte und Interessen im Elemente der Kunst (...). Der Realismus will nicht die bloße Sinnenwelt und nichts als diese; er will am allerwenigsten das bloß Handgreifliche, aber er will das Wahre."[23] Dabei geht es nicht um die schlichte Wiedergabe von Wirklichkeitsausschnitten im Sinne eines reinen Abbildes. Wenn Fontane von einer Wirklichkeitsdarstellung „im Elemente der Kunst" spricht, so macht er deutlich, dass es um die „Poetisierung" von Wirklichkeit geht, also um die Gestaltung von Fiktionen, die als glaubwürdig gelten können. Thematisch werden im „poetischen Realismus" Wirklichkeitsausschnitte zu Sujets, die

Poetisierung der Wirklichkeit

---

23   Zitiert nach Diekhans, S. 370

die „dauernde Daseinsfragen des Menschenlebens beherrschen: Verhältnis und Einordnung des einzelnen in die Lebensnotwendigkeiten, die Umwelt und die zwischenmenschlichen Beziehungen der Gemeinschaft (…).“ [24]

In den letzten beiden Dekaden des 19. Jahrhunderts entwickelt sich der **Naturalismus**, literarisch stark beeinflusst durch Autoren wie den Norweger Henrik Ibsen (1828–1906), den Schweden August Strindberg (1849–1912), den Franzosen Émile Zola (1840–1902) und die russischen Dichter Tolstoi (1828–1910) und Dostojewski (1821–1881), deren Werke die junge Autorengeneration mit Begeisterung aufnimmt. Das neue Bild des Menschen, wie es durch Naturwissenschaften und Gesellschaftswissenschaften, etwa den Positivismus, etabliert wird, ist Ausgangspunkt des Naturalismus dafür, den Menschen als durch soziale Umstände (Herkunft und Milieu) und psychische Disposition sowie Vererbung geprägt zu sehen und nicht mehr als „freies“ Individuum. Zugleich rücken die Schattenseiten der gesellschaftlichen Entwicklung (Massenquartiere, unmenschliche Arbeitsbedingungen, soziale Randexistenzen) in das Blickfeld der Autoren, die nun genau das zum Thema der Literatur machen, was die „poetischen“ bzw. „bürgerlichen“ Realisten ausblenden (siehe obiges Fontane-Zitat). Die Themen und Stoffe werden „im Alltäglichen gefunden. Kennzeichnend ist (ein) Zug ins Düstere des Lebens. Den anstehenden Problemen der bürgerlichen Gesellschaft wird die volle Aufmerksamkeit gewidmet: dem Proletarierdasein, der Emanzipationsfrage, den sexuellen Tabus, der Erziehungswirklichkeit, den Fragen des Gewissens gegenüber Kirche und Staat.“ [25] Die Thematisierung der politisch-sozialen Wirklichkeit und die auf den neuen Wissenschaf-

Naturalismus

Abbildung der Wirklichkeit

---

24 Von Wilpert, S. 618
25 Poppe, S. 30

1.2 Zeit- und literaturgeschichtlicher Hintergrund

**Neue Kunst-
auffassung**

ten fußende Betrachtung dieser Wirklichkeit und des Menschen als eines von unterschiedlichen Faktoren bestimmten Kollektivwesens gehen mit einer neuen Kunstauffassung einher, die in völligem Gegensatz zur Konzeption der Realisten steht. Betonen die Realisten die gestalterisch-schöpferische Aufgabe des Künstlers und die Umgestaltung der Wirklichkeit in eine Fiktion, so streben die Naturalisten ästhetisch nach einer möglichst großen Nähe zwischen Abzubildendem (der Wirklichkeit) und Abbild, was am prägnantesten in der berühmten Kurzformel von Arno Holz zum Ausdruck kommt: Kunst = Natur − x, wobei das möglichst klein zu haltende x für die Gestaltungsmittel des Künstlers steht. Dies bedeutet u. a. die Vermeidung einer Kunstsprache (etwa des stilisierten Dialogs und des als unnatürlich geltenden Monologs) zugunsten der Wiedergabe der Alltagssprache einschließlich grammatikalischer Brüche, umgangssprachlichen Vokabulars, Dialektelementen und Sprachformeln des Jargons, sowie das Arrangement exakter zeitlicher Abfolgen und die möglichst große Nähe zwischen erzählter Zeit und Erzählzeit (sogen. „Sekundenstil") und die Präzision der Wiedergabe des gezeigten Wirklichkeitsausschnitts.

Fin de Siècle

Gegen Ende des 19. Jahrhunderts hat der Naturalismus seinen Höhepunkt bereits überschritten (Gerhart Hauptmanns Werk *Die Weber* stammt aus dem Jahr 1892) und neue Strömungen, die sich im Kontrast zum Naturalismus entwickeln, werden prägend. Die Vielfältigkeit dieser Strömungen wird häufig mit dem Oberbegriff **Fin de Siècle** belegt, weil ein tragendes Moment das Bewusstsein vom Untergang des alten Jahrhunderts ist, dessen Entwicklungen als Verfallserscheinungen begriffen werden. Es geht, bei allen Unterschieden der verschiedenen Strömungen, die nahezu zeitgleich nebeneinander existieren bzw. ineinander übergehen (Symbolismus, Jugendstil, Neuromantik etc.) nicht mehr um eine möglichst objektive Darstellung der Wirklichkeit wie bei den Naturalisten, sondern um die subjektive Wahrnehmung dieser Wirklichkeit und ihre Ästhetisierung. Im von Frankreich ausgehenden und sich in der europäischen Literatur verbreitenden **Symbolismus** „zeigen sich diese Tendenzen, indem einer sich technisierenden Gesellschaft das Spirituelle entgegengehalten wird. Nicht die wissenschaftliche Logik, sondern die Intuition, das Unbewusste, die Vorstellungskraft, der Traum und das Geheimnisvolle einer anderen Welt sollen vorherrschen. Aufgabe der Kunst ist es, den tieferen Sinn in jedem Phänomen symbolhaft zu zeigen."[26] Waren im Realismus der Roman und im Naturalismus der Roman und besonders das Drama die vorherrschen Gattungen, so findet der Symbolismus seinen höchsten Ausdruck in der Lyrik und ihrer sprachlichen Vollendung: Musikalität der Sprache, Rhythmisierung, Bildhaftigkeit und Rückbesinnung auf die Magie des einzelnen Wortes werden zu bestimmenden Faktoren, die dazu führen, dass selbst das Hässliche ästhetisch überhöht werden kann, so etwa wenn Arthur Rimbaud, das Ophelia-Motiv aus Shakespeares *Hamlet* aufgreifend, die Wasserleiche eines Mädchens zu einem märchenhaft-magischschönen Traumbild verklärt (*Ophelia 1*, 1870).

In der österreichischen Metropole Wien bildet sich in den beiden Jahrzehnten um die Jahrhundertwende die **Wiener Moderne** heraus, die wesentlich durch das **Junge Wien** geprägt ist, eine Gruppe von Autoren und Literaten, zu der u. a. Arthur Schnitzler, Hugo von Hofmannsthal, Peter Altenberg und Hermann Bahr zu zählen sind und die die Strömungen des Fin de Siècle aufgreifen. Beeinflusst werden die Autoren, die kein gemeinsames ästhetisches Programm haben, sich aber in Kaffeehäusern und Salons rege über den Zeitgeist, die gesellschaftlichen Entwicklungen und die Strömungen der Literatur austauschen, u. a. durch die Theorien

Symbolismus

Junges Wien

---

26   Schurf/Wagner, S. 397

Sigmund Freuds, der 1900 seine *Traumdeutung* veröffentlichte, die als Beginn der Psychoanalyse angesehen werden kann, und durch die Auffassungen des Philosophen Ernst Mach (1838–1916), der das Ich als „Komplex von Erinnerungen, Stimmungen, Gefühlen" sieht. [27] Über die Atmosphäre der Jahrhundertwende als Grundlage für die Entwicklung des *Jungen Wien* heißt es bei Kaiser:

> „Die ebenso traditionsreiche wie konfliktgeladene multikulturelle Vielgestaltigkeit der Donaumonarchie bildete mit all ihren Widersprüchen um 1900 in Wien den Nährboden für ein kreatives Milieu, das eine ungewöhnliche Fülle produktiver und innovativer Begabungen hervorbrachte – man denke nur an Arthur Schnitzlers Zeitgenossen Sigmund Freud, Gustav Mahler und Arnold Schönberg. So erlebte Wien in den letzten Jahrzehnten der Regierung Franz Josephs I. noch einmal eine kulturelle Blüte mit einer unglaublichen Vielfalt des geistigen Lebens (...). Der Zusammenhang mit den Auflösungssymptomen der Donaumonarchie gibt dieser treibhausartigen kulturellen Produktivität ihr besonderes Gepräge." [28]

Expressionismus

Die Phase des **Expressionismus** wird allgemein von 1910 bis 1925 angesetzt und häufig durch bestimmte Stilmerkmale gekennzeichnet: das Aufbrechen grammatikalischer Strukturen, Wortneuschöpfungen, Farbsymbolik, Kontrastbildung, Simultaneität in der Darstellung verschiedener Eindrücke, ein hoher Grad an Abstraktion sowie kühne Metaphorik. Gleichwohl gibt es nicht den einheitlichen expressionistischen Stil, sondern Stile (Ausprägungen) des Expressionismus. Zunächst einmal ist der Expressionismus

---

27 Zitiert nach Prenting, S. 115
28 Kaiser, S. 15

der Ausdruck eines Lebensgefühls einer Gruppe überwiegend jüngerer Autoren, übrigens oft bürgerlicher Herkunft. Die Geburtsjahre einiger Autoren dieser Dichtergeneration liegen in den 80er-Jahren des 19. Jahrhunderts (Ludwig Rubiner: 1881, Wilhelm Klemm: 1881, Paul Zech: 1881, Ernst Stadler: 1883, Hugo Ball: 1886, Gottfried Benn: 1886, Georg Heym: 1887, Jakob van Hoddis: 1887, **Georg Trakl: 1887**, Alfred Lichtenstein: 1889). Diese Generation ist geprägt durch ein Krisenbewusstsein, das sich aus den Entwicklungen in der letzten Dekade des 19. und der ersten Dekade des 20. Jahrhunderts speist und auf das die Schriften Friedrich Nietzsches (1844–1900) einen großen Einfluss ausüben. Im Rückblick beschreibt G. Benn die Bedeutung des Kulturkritikers, Philosophen und Schriftstellers Nietzsches mit den Worten: „Eigentlich hat alles, was meine Generation diskutierte, innerlich sich auseinanderdachte, man kann sagen: erlitt, man kann auch sagen: breittrat – alles das hatte sich bereits bei Nietzsche ausgesprochen und erschöpft, definitive Formulierung gefunden, alles Weitere war Exegese."[29] Die rasanten sozio-ökonomischen und technischen Entwicklungen und die sich nach der Jahrhundertwende verstärkende Vorahnung einer kommenden Krise apokalyptischen Ausmaßes, wie sie dann der 1. Weltkrieg tatsächlich darstellen wird (dem viele der Autoren zum Opfer fallen), führten tendenziell eher zu einer skeptisch-ablehnenden Grundhaltung gegenüber dem neuen Jahrhundert. Expressionismus ist, um es mit Giese zu sagen, demnach „der künstlerische Ausdruck und zugleich Bewältigungsversuch einer bestimmten Bewusstseinslage, in die sich eine in der Großstadt lebende intellektuelle Jugend gegen Ende des Kaiserreichs gedrängt fühlt. Expressionismus würde insofern als

Expressionismus als Phänomen des Krisenbewusstseins

---

29   Zitiert nach Giese, S. 15

problemgeschichtliches Phänomen bestimmbar."[30] Ich-Zerfall und Weltuntergangsvisionen, Aufbruchsstimmung und die Hoffnung auf das Neue, das Großstadtleben mit all seinen Aspekten (Technik, Verkehr, Vergnügungsstätten wie Kinos, Cafés, Bordelle) und Vereinsamung des Einzelnen in der Masse, Arbeitswelt (Fabrik) und Natur, das Hässliche und der Tod, Rausch (Alkohol, Drogen), Sexualität und Triebhaftigkeit – und dann natürlich der Krieg: Dies sind einige der Themen, die die Autoren des Expressionismus aufgreifen und zumeist im Bruch mit tradierten Darstellungsweisen ästhetisieren. Zugleich ist die Epoche gekennzeichnet durch programmatische Schriften, Essays und Zeitschriften (*Der Sturm*, *Die Tat*, *Das Ziel*, in Österreich *Die Fackel*), in denen die Anhänger der Strömung ihre Gedichte veröffentlichen und ihr ästhetisches Programm debattierten. Allgemein wird zwischen einer ersten Phase des Expressionismus (Frühexpressionismus) von 1910 bis 1914 und einer zweiten Phase (1914–1920/25) unterschieden. Im Jahre 1919 stellt Kurth Pinthus eine erste Anthologie expressionistischer Gedichte unter dem Titel *Menschheitsdämmerung* zusammen, die schon fast als Rückblick auf die expressionistische Strömung in der Literatur verstanden werden kann.

Auch Georg Trakl wird als junger Mann in Salzburg von den Strömungen der Literatur der Jahrhundertwende erfasst, die nahezu eine Sogwirkung auf ihn und den Zirkel seiner Freunde ausüben. „Auf weiten, bis tief in die Nacht ausgedehnten Spaziergängen, einsam und zu zweit, mit Buschbeck oder Bruckbauer oder Minnich, wurde meditiert oder fanatisch gestritten. Über weltanschauliche Probleme, über die damals modernste Literatur."[31]

Phasen des Expressionismus

---

30   Giese, S. 6 f.
31   Basil, S. 56

2.   GEORG TRAKL: DAS LYRISCHE SCHAFFEN – EINFÜHRUNG UND INTERPRETATIONEN

2.1 Einführung: Würdigung des lyrischen Gesamtwerkes

„Der zarte, an Hölderlin erinnernde Salzburger GEORG TRAKL (1887–1914), geistig und seelisch zerbrochen an den Schrecknissen des ersten Weltkrieges (gestorben wohl an Rauschgift), ergreift und erschüttert durch die zarte Musik seiner idyllischen, oft freilich tief melancholischen Verse von Schwermut, Wahnsinn, Untergang und Tod (*Sebastian im Traum*, 1915; *Der Herbst des Einsamen*, 1920)." [32]

Diese wenigen Zeilen der „Würdigung" Trakls stammen aus einer Literaturgeschichte, die 1950 erstmalig erschienen und speziell für Schüler der Oberstufen von Gymnasien verfasst worden ist und bis weit in die 60er-Jahre hinein Verbreitung gefunden hat. Trakl, von dem im Anschluss an dieses Zitat noch einige Verse abgedruckt und sehr kurz besprochen werden, wird in dem Band, neben Theodor Däubler und Ernst Stadler, als einer der „wesentlichen Lyriker des Expressionismus" geführt. [33] Das obige Zitat soll hier nicht auf die Wertigkeit seiner Aussagen und ihres Gehaltes untersucht werden, sondern als Beispiel für die These Kempers dienen, Trakl sei in der Mitte des 20. Jahrhunderts als Vertreter des (Früh-)Expressionismus wahrgenommen worden, wogegen heute sein Rang, über die Epoche des Expressionismus hinaus, als

Die Bedeutung Trakls

---

32 Krell/Fiedler, S. 375 (zitiert wird nach der 12. Auflage aus dem Jahre 1967)
33 Siehe Krell/Fiedler, S. 374

einer der **bedeutendsten Lyriker** (neben etwa George, Rilke, Benn und Celan) überhaupt unbestritten sei. Kemper verweist in diesem Zusammenhang u. a. auf den großen Einfluss, den Trakls Werk auf zahlreiche Lyriker ausgeübt hat und auf den Umstand, dass alle wichtigen literaturtheoretischen Richtungen sich mit Trakls Gedichten auseinandergesetzt haben, sodass sich, wie es bei Basil heißt, „über seinem Grab (...) heute eine Pyramide von kommentierender Literatur (erhebt)". [34]

Schaffensphasen

Der Blick auf Trakls Werk, erste Gedichte Trakls werden bereits 1917 ins Tschechische übertragen, in den 20er-Jahren des 20. Jahrhunderts folgen weitere Übersetzungen seiner Gedichte ins Tschechische, Englische, Französische und Rumänische, hängt von der Blickrichtung ab, die man wählt. Schaut man auf die Phasen seines Schaffens, so lässt sich dieses in vier Etappen einteilen:

1. Phase

Die erste Phase, das Jugendwerk, steht unter starkem Einfluss von Nietzsche und den Strömungen des Jugendstils und des Symbolismus. In Trakls Gedichten scheinen noch die Vorbilder aus Frankreich auf (Baudelaire, Rimbaud, Verlaine), und manches ist „rhetorische Geste, aus der lyrischen Tradition übernommen. Wenn Trakl etwa in *Dämmerung* seine Verse als *kranke Blumen der Schwermut* bezeichnet, so weist diese Formulierung auf das große Vorbild des jungen Dichters, auf die *Fleurs du Mal* von Baudelaire." [35] In der

2. Phase

zweiten Phase, etwa von 1909 bis 1912, ist das Werk Georg Trakls dem Expressionismus und seinen Stilformen, vor allem dem Reihungsstil, am nächsten, also der sequenzartigen Reihung von Bildern (Metaphern), die nicht in einem unmittelbaren logischen oder syntaktischen Zusammenhang stehen müssen, aber Simultaneität

---

34 Vergl. Kemper, S. 7 f.; Basil, S. 7
35 Kleefeld, in: *Achtzig Gedichte*, S. 118; *Fleurs du Mal* (Die Blumen des Bösen) ist der Titel einer Gedichtsammlung von Charles Baudelaire (1821–1867).

vermitteln, so etwa in der dritten Strophe des 1910 entstandenen und 1913 in *Gedichte* veröffentlichten Textes *Der Gewitterabend*:

> *Laut zerspringt der Weiherspiegel.*
> *Möven schrein am Fensterrahmen.*
> *Feuerreiter sprengt vom Hügel*
> *Und zerschellt im Tann zu Flammen.* [36]

Der optisch-akustische Gesamteindruck eines Gewitters mit Blitz und Donner wird hier durch die parataktische Reihung von Bildern (die Wasseroberfläche eines *Weihers*, als *Spiegel* bezeichnet, *zerspringt*; ein Blitz, der *vom Hügel sprengende Feuerreiter*, schlägt in einem Waldstück ein) und das Stilmittel der Synästhesie (Kombination zweier Sinne, hier Sehen und Hören) erreicht: der *Weiherspiegel* (Optik) zerspringt *laut* (Akustik), der *Feuerreiter* (Optik) *zerschellt* (Akustik). Zwischen die Darstellung von Blitz und Donner wird ein weiteres Element geschoben, das in keinem unmittelbar sachlich-logischen Zusammenhang mit dem Naturereignis steht: das Schreien (Akustik) der *Möwen* am Fensterrahmen, der wiederum auf Optik verweist. Entscheidend ist für Trakl aber nicht die Abfolge der Einzelereignisse, sondern der komplexe Gesamteindruck, der hervorgerufen wird. Trakl selbst hat diesen Reihungsstil einmal bezeichnet als „bildhafte Manier, die in vier Strophenzeilen vier einzelne Bildteile zu einem einzigen Eindruck zusammenschmiede(n)" soll. [37]

Die dritte Phase (etwa Ende 1912 bis Anfang 1914) ist dadurch gekennzeichnet, dass Trakl den Reihungsstil wieder etwas zurücknimmt. Die Gedichte dieser Phase „führen – auch mit der partiel-

3. Phase

---

36   TRA, S. 17 (siehe auch die ausführliche Untersuchung des Textes im Interpretationsteil)
37   Zitiert nach Kemper/Max, S. 220

len Introduktion des lyrischen Ich, finaler Handlungsabläufe und der Entdeckung ‚poetischer Narration' – zum unverwechselbaren ‚Trakl-Ton'."[38]

4. Phase

In der letzten Phase, vom Beginn des Jahres 1914 bis zu seinem Tod, entstehen Gedichte (postum im *Brenner* veröffentlicht) eines archaisch-apokalyptischen Grundtenors, zu denen als bekannteste die Gedichte *Im Osten*, *Klage* und *Grodek* gehören, die von Trakls Kriegserfahrung geprägt sind. Die dunklen Ahnungen Trakls vom Verfall, vom Untergang, vom Tod, die seine Lyrik von Beginn an grundieren, begegnen ihm nun in der Wirklichkeit der Hölle des 1. Weltkriegs.

Werkgeschichte

Als zweite Blickrichtung auf das Gesamtwerk Trakls bietet sich die Editionsgeschichte seiner Texte an, die man in drei große Werkkomplexe einteilen kann. Am 26. 2. 1908 wird erstmalig ein Gedicht von Georg Trakl veröffentlicht (*Das Morgenlied*, *Salzburger Volkszeitung*), im Folgejahr erschienen im *Neuen Wiener Journal* weitere Texte Trakls (*Andacht*, *Vollendung*, *Einer Vorübergehenden*). In dieses Jahr fallen auch die Anfänge einer Sammlung von Gedichten, der *Sammlung 1909*, die zu Lebzeiten aber nicht veröffentlicht worden ist. Im Jahre 1912, in dem Trakls *Heiterer Frühling* im *Ruf* und *Vorstadt im Föhn* im *Brenner* erscheinen, beginnt Trakl damit, Gedichte zusammenzustellen, die für eine Veröffentlichung vorgesehen sein sollen. Unter dem Titel *Dämmerung und Verfall* sendet Trakls Freund Erhard Buschbeck einen ersten Entwurf der Sammlung an den Verlag Albert Langen, der aber eine Veröffentlichung ablehnt. Trakl überarbeitet mehrfach die Zusammenstellung der Gedichte. Weitere Gedichte Trakls erscheinen im *Brenner*. Über die Bedeutung der Zeitschrift für Trakl schreibt Maier: „Hier wurde zum ersten Mal die Außergewöhnlichkeit und Genialität von

--- --- ---

38   Kemper, S. 9

Trakls so befremdlich anderer Lyrik in vollem Ausmaße erkannt. Bis dahin war dem jungen Poeten nur wenig Anerkennung zuteil geworden (…).“ [39] Durch diese Veröffentlichung im *Brenner*, der Innsbrucker Halbmonatszeitschrift, die von Ludwig von Ficker herausgegeben wird, der zu Trakls großem Wegbegleiter und Förderer geworden ist, wird der Verlag Kurt Wolff auf Trakl aufmerksam und bittet ihn, eine Gedichtsammlung zur Veröffentlichung vorzubereiten. Am 1. April 1913 schreibt Kurt Wolff an Georg Trakl: „Ich habe Ihre Gedichte im ‚Brenner‘ mit großem Interesse gelesen und möchte mir die Anfrage erlauben, ob Sie geneigt wären, mir eine Zusammenstellung ihrer Gedichte, die Sie für eine Publikation geeignet halten, einzusenden.“ [40] Noch im April 1913 sendet Georg Trakl seine Auswahl an Gedichten an den Verlag. Diese Sammlung ist wegen der mehrfachen Umarbeitungen von Gedichten sowie der anderen Zusammenstellung von Gedichten nur noch teilidentisch mit der Sammlung, die 1913 an den Verlag Albert Langen gegangen und von diesem abgelehnt worden ist. Auch der ursprüngliche Titel wird verändert. Im Juli 1913 erscheint der Gedichtband, noch während der Herstellung des Bandes mit Umstellungen und Korrekturen versehen, unter dem Titel *Gedichte* in der Reihe *Bücherei ‚Der jüngste Tag‘* (Band 7/8) im Wolff Verlag. Zu den bekanntesten Gedichten, die in diesem Band veröffentlicht werden, gehören u. a. *Die schöne Stadt*, *An den Knaben Elis*, *Der Gewitterabend*, *Im Winter*, *De profundis*, *Vorstadt im Föhn*, *In den Nachmittag geflüstert* und *Verfall*. Aus der *Sammlung 1909* werden in den Band *Gedichte* zwei Texte aufgenommen, nämlich *Verfall* (ursprünglich *Herbst* betitelt) und *Musik im Mirabell* (ursprünglich *Farbiger Herbst*).

Der Band
Gedichte

---

39   Maier, in: *In den Nachmittag geflüstert*, S. 18
40   Zitiert nach TRA, S. 260

Im März 1914 kündigt Trakl dem Wolff Verlag eine zweite Gedichtsammlung an (bei Abschluss des Vertrages über die Publikation *Gedichte* hat er dem Verlag ein Vorkaufsrecht für Werke der folgenden fünf Jahre eingeräumt). Auch diese Sammlung arbeitet Georg Trakl mehrfach um, gruppiert Texte neu, fügt weitere Texte oder Folgefassungen (Bearbeitungen) von Gedichten ein und bittet um Berücksichtigung seiner Änderungsvorschläge. Diese Sammlung von Texten mit dem Titel *Sebastian im Traum* erscheint erst im Frühjahr 1915, da sich die Auslieferung wegen des Beginns des 1. Weltkriegs verzögert. Somit hat Trakl, der am 3. 11. 1914 in Krakau stirbt, die Veröffentlichung nicht mehr erlebt. Enthalten sind in *Sebastian im Traum* u. a. das titelgebende *Sebastian im Traum*, die Gedichte *Kaspar Hauser Lied*, *Der Herbst des Einsamen*, die vierte Fassung von *Abendland*, die Else Lasker-Schüler gewidmet ist, und der Prosatext *Traum und Umnachtung*.

Sebastian im Traum

Bereits während der Arbeit am Band *Sebastian im Traum* (letzte editorische Arbeiten werden im Mai vorgenommen) erscheinen weitere Texte Georg Trakls im *Brenner*. Zwischen Juni und Oktober 1914 entstehen die letzten sieben Gedichte Trakls, der am 24. August mit einer Innsbrucker Sanitätskolonne seinen Kriegsdienst antritt und nach der Teilnahme an der Schlacht von Grodek einen Selbstmordversuch unternimmt und daraufhin in die Psychiatrische Abteilung des Krakauer Garnisonshospitals eingewiesen wird. Dort besucht ihn Ludwig von Ficker, dem Trakl nach dessen Abreise postalisch am 27. Oktober die beiden Gedichte *Klage* und *Grodek* nachschickt. In einem Brief an Ludwig von Ficker vom 27. 10. 1914 schreibt Georg Trakl: „Lieber, verehrter Freund! Anbei übersende ich Ihnen die Abschriften der beiden Gedichte, die ich Ihnen versprochen. Seit Ihrem Besuch im Spital ist mir doppelt

Die letzten
sieben Gedichte

traurig zu Mute. Ich fühle mich schon fast jenseits der Welt."[41] In
den Abendstunden des 3. November 1914 stirbt Georg Trakl an einer Überdosis Kokain, die zu einer Herzlähmung führt. Die letzten
sieben Gedichte werden 1915 im *Brenner-Jahrbuch* veröffentlicht.

Betrachtet man die vier oben genannten Schaffensphasen **Trakls
Gesamtwerk
als „Prozess"**
Trakls und die drei großen Werkkomplexe im Zusammenhang,
dürfte deutlich werden, dass Trakls Werk insgesamt als Ergebnis
eines fließenden Prozesses zu verstehen ist, die einzelnen Phasen
also nicht abrupt enden, sondern gleitend ineinander übergehen.
So erscheint das 1910 entstandene Gedicht *Der Gewitterabend*, aus
dem oben vier Zeilen zitiert worden sind und das noch deutlich den
Reihungsstil aufweist, erst 1913 in der Sammlung *Gedichte*, also in
einer Phase, in der Trakls Schaffen sich bereits wieder von diesem
Stil gelöst hat und andere Akzente in den Vordergrund rücken (siehe oben). Dies ist auch ein Ergebnis der Arbeitsweise Georg Trakls,
der immer wieder seine Gedichte überarbeitet hat. „Unablässig
feilt er an den Gedichten, oft über Jahre hinweg; er arbeitet sie um,
variiert einzelne Zeilen, versucht neue Bildkonstellationen; er zieht
mehrere Strophen zu einer zusammen, entwickelt aus einer Ge-
dichtstrophe ein eigenständiges Gedicht."[42] Kann man also auf der **Stiltendenzen
und Themen**
einen Seite durchaus in den einzelnen Schaffensphasen Stiltendenzen erkennen, etwa die Loslösung von klassischen Reimstrukturen
und Strophenmustern, wie sie uns noch in *Gedichte* begegnen, hin
zur Verwendung freier Rhythmen und der Auflösung traditioneller
Strophenformen und wechselnden Zeilenlängen, wie sie vermehrt
in *Sebastian im Traum* auftauchen; so verbinden auf der anderen
Seite Themen und Motive (Traum, Verfall, Tod, Kindheit, Herbst,
Nacht, Dämmerung), Bildkompositionen und Farbgebungen die

———

41   Zitiert nach Kemper/Max, S. 251
42   Kleefeld, in: *Achtzig Gedichte*, S. 125

Gedichte der einzelnen Phasen wiederum miteinander, sodass ein Wechselbezug zwischen Gedichten unterschiedlicher Phasen entsteht, was Walther Killy zu dem Diktum veranlasst hat, bei Trakls Gedichten handele es sich im Grunde um *ein einziges großes, zusammenhängendes Gedicht*[43]. Dies wird vielleicht am deutlichsten, wenn man, an nur wenigen Beispielen, in verschiedenen Gedichten aus unterschiedlichen Phasen die Verweise auf Trakls Schwester Margarethe (Grete) verfolgt, die als eine Frauengestalt immer wieder in seinen Gedichten auftaucht. In der Sammlung *Gedichte* finden sich in *An die Schwester*, dem einzigen Gedicht, das im Titel unmittelbaren Bezug auf Grete nimmt, die Eingangszeilen:

> *Wo du gehst wird Herbst und Abend,*
> *Blaues Wild, das unter Bäumen tönt.* [44]

Und im Sonett *In der Heimat* (ebenfalls aus *Gedichte*) heißt es im 1. Terzett:

> *Der Schwester Schlaf ist schwer. Der Nachtwind wühlt*
> *In ihrem Haar, das mondner Glanz umspült.* [45]

In der Sammlung *Sebastian im Traum* können wir im Gedicht *Unterwegs* die Zeilen lesen:

> *Im Nebenzimmer spielt die Schwester eine Sonate von Schubert.*
> *Sehr leise sinkt ihr Lächeln in den verfallenen Brunnen.* [46]

---

43 Maier, in: *In den Nachmittag geflüstert*, S. 22; diese Einschätzung spricht Kemper (auch) Martin Heidegger zu (vergl. Kemper, S. 10).
44 TRA, S. 34 (siehe auch im Interpretationsteil)
45 TRA, S. 35
46 TRA, S. 48; Trakls Schwester Grete war eine begabte Pianistin.

Und in *Grodek* aus den Veröffentlichungen im *Brenner*, die nach Trakls Tod erschienen sind, tauchen die Zeilen auf:

> *Es schwankt der Schwester Schatten durch den*
> *schweigenden Hain,*
> *Zu grüßen die Geister der Helden, die blutenden Häupter.* [47]

Auch im Bereich der Bildgestaltung können wir über das gesamte Werk hinweg das Aufgreifen und Wenden eines Elements entdecken. In *Helian* aus der Sammlung *Gedichte* finden wir die Formulierung *O ihr zerbrochenen Augen in schwarzen Mündern.* [48] In *Grodek* wiederum umfängt die Nacht sterbende Krieger und wir hören die Klage ihrer *zerbrochenen Münder.* [49] In *Kindheit* taucht das Bild von der *vom herbstlichen Hügel rollenden Sonne* auf, das wir in *Grodek*, jetzt aber ins Bedrohliche gewendet, erneut finden (*... darüber die Sonne / Düsterer hinrollt*). [50] Gedichte aus verschiedenen Schaffensphasen, dies sollten die Beispiele deutlich gemacht haben, beziehen sich aufeinander, schaffen in der gegenseitigen Betrachtung einen Verweisungs- und Interpretationszusammenhang, ein „eigenes Bedeutungsnetz, einen Bilderkosmos, in dem sich alle Zeichen aufeinander beziehen." [51] Der Kosmos, der so entsteht, ist dabei im Wesentlichen nicht ein Kosmos, der außerhalb Trakls existiert – so tauchen zahlreiche der Themen, wie sie die Expressionisten vorzugsweise behandeln, bei ihm gar nicht auf –, sondern er ist in weiten Teilen eine Seelenlandschaft des Dichters selbst, in besonderer Weise also (semi-)biographisch geprägt,

Bildgestaltung

---

47 TRA, S. 94
48 TRA, S. 43
49 TRA, S. 94
50 Siehe TRA, S. 47 und 94 (*Grodek*: siehe auch im Interpretationsteil)
51 Maier, in: *In den Nachmittag geflüstert*, S. 22

unabhängig davon, dass Autoren-Ich und Sprecher im Gedicht (selbst wenn es ein lyrisches Ich ist) nicht vollends deckungsgleich sind. Dieser Kosmos ist die sprachlich zum Kunstwerk gestaltete Welt der Obsessionen Trakls, der Welt seiner Verzweiflung, seiner Ängste und Depressionen, seiner Schuldgefühle und Drogenräusche[52] und seines Schmerzes. Der österreichische Schriftsteller Josef Leitgeb (1897–1952), der in den 20er-Jahren des 20. Jahrhunderts zum Kreis um Ludwig von Ficker und die Zeitschrift *Brenner* gehörte, schreibt über den von ihm bewunderten Georg Trakl: „Das Werk Georg Trakls ist das Bild einer völlig geschlossenen, in sich selbst beruhenden Welt. Müßte man ihr einen Namen geben, man könnte sie nur Trakl-Welt nennen, so sehr ist sie eine Schöpfung, mit keiner anderen im Bereich der deutschen Dichtung vergleichbar. (…) Es liegt inselhaft in der deutschen Dichtung und ist weder mit der älteren noch mit der gleichzeitigen Lyrik wirklich verbunden."[53]

Anders formuliert: Zwar wird Georg Trakl generell der Strömung des Expressionismus zugerechnet und es finden sich in seinem Werk deutliche Stiltendenzen dieser Strömung, ihn aber auf den Expressionismus zu begrenzen, lässt nicht nur die vielfältigen Einflüsse literarischer Strömungen wie Jugendstil und Symbolismus außer Acht, sondern vernachlässigt vor allem die Selbstreferentialität seines Gesamtwerkes, das Trakl zu einer singulären Erscheinung in den literarischen Strömungen seiner Zeit werden lässt.[54]

---

52 Ludwig von Ficker nennt Trakl in einem Brief an Kurth Pinthus aus dem Jahre 1919 einen „starke(n) Trinker und Drogenesser" (zitiert nach Basil, S. 164).
53 Zitiert nach Basil, S. 165
54 Vergl. zur Problematik der literaturgeschichtlichen Einordnung Georg Trakls v. a. Kemper/Max, S. 277 ff.

2.2 Besonderheiten der Lyrik Georg Trakls

Der Trakl'sche Kosmos oder die „Trakl-Welt" (Leitgeb) zeichnet sich durch eine Reihe von Besonderheiten aus, von denen hier einige – ohne den Anspruch auf Vollständigkeit – vorgestellt werden sollen, nämlich die in seinen Gedichten auftretenden Personen, die Landschaften und Schauplätze, die Farbgebung und die Musikalität.

Personen

Im Abschnitt oben ist in anderem Zusammenhang bereits darauf hingewiesen worden, dass es in zahlreichen Gedichten Trakls direkte oder indirekte Hinweise auf seine **Schwester Grete** gibt. Georg Trakl hatte zu seiner jüngeren Schwester Grete eine Beziehung, die weit über eine geschwisterliche hinausging und in gemeinsamen Drogenerfahrungen (man geht davon aus, dass Trakl seine Schwester zum Drogengenuss brachte) und einer inzestuösen Bindung mündete, wobei angenommen werden kann, dass die intensive (wenn auch natürlich noch nicht sexuelle) Bindung an die Schwester bereits in vorpubertärer Zeit begonnen hat. Dies kann auch den Gedichten und Prosatexten Trakls selbst entnommen werden, soweit sie sich auf die frühe Kindheit Trakls beziehen lassen: *Manchmal erinnerte er sich seiner Kindheit, erfüllt von Krankheit, Schrecken und Finsternis, verschwiegener Spiele im Sternengarten, oder daß er die Ratten fütterte im dämmernden Hof. Aus blauem Spiegel trat die schmale Gestalt der Schwester und er stürzte wie tot ins Dunkel,* heißt es in *Traum und Umnachtung.* Der Text endet, wiederum mit einem Verweis auf die Schwester versehen, mit den Zeilen: *Purpurne Wolke umwölkte sein Haupt, daß er schweigend über sein eigenes Blut und Bildnis herfiel, ein mondenes Antlitz; steinern ins Leere hinsank, da in zerbrochenem Spiegel,*

Die Beziehung zur Schwester

*ein sterbender Jüngling, die Schwester erschien; die Nacht das ver-
fluchte Geschlecht verschlang.* [55] Und in *Traum des Bösen* lautet die
Schlusszeile: *Im Park erblicken zitternd sich Geschwister.* [56] Die spä-
tere sexuelle Beziehung zur Schwester ist bei Trakl ganz unzwei-
felhaft mit einem tiefen Schuldgefühl verbunden (*er stürzte wie tot
ins Dunkel).* So kippt die noch positiv-stimmungsvolle Erinnerung
an seine *jungen Jahre* in den Quartetten des Sonetts *Andacht* im
zweiten Terzett vollends ins Dunkle-Schuldbeladene um:

> *Da schimmert aus verworrenen Gestalten*
> *Ein Frauenbild, umflort von finstrer Trauer,*
> *Und gießt in mich den Kelch verruchter Schauer.* [57]

Und in der 3. Fassung von *Passion* findet sich im Zusammenhang
mit der Erwähnung des *Schatten(s) der Schwester* die Formulierung
von der *dunkle(n) Liebe eines wilden Geschlechts.* [58] Noch deutlicher
wird dieses Schuldempfinden Trakls im Gedicht *Blutschuld* (aus der
Sammlung 1909), das mit der Zeile beginnt *Es dräut die Nacht am
Lager unsrer Küsse* und mit der Zeile endet *Wir schluchzen: Verzeih
uns, Maria, in deiner Huld!* Diese Anrufung Marias steigert sich im
Gedicht *Der Heilige* in den Qualschrei*: Exaudi me, o Maria!* [59]

Die besondere Bedeutung, die Grete in Trakls Leben einnimmt,
wird noch in seinen letzten Gedichten deutlich: In *Grodek* taucht
der *Schwester Schatten* auf und in *Klage* ruft er, die schrecklichen
Erfahrungen der Kriegserlebnisse (und wohl auch seinen baldigen
Tod) vor Augen, nicht Gott an, sondern die Schwester. [60]

--- ---

55 TRA, S. 80, Z. 5–9 und S. 84, Z. 164–169
56 TRA, S. 19
57 TRA, S. 134 (siehe auch im Interpretationsteil)
58 TRA, S. 69
59 TRA, S. 148 und 150
60 Siehe TRA, S. 94

Als die mittlerweile in Berlin lebende und verheiratete Grete im
Jahre 1914 nach einer Fehlgeburt schwer erkrankt, reist Trakl im
März an ihr Krankenbett und kehrt nach seinem mehrtägigen Besuch erschüttert nach Innsbruck zurück. [61] In dem Brief an Ludwig
von Ficker vom 27.10.1914, mit dem er ihm die Gedichte *Klage*
und *Grodek* nachsendet, verfügt Trakl, dass alles, was er an „Geld
und sonstigen Gegenständen" besitzt, seiner Schwester über-
geben werden soll. [62] Zur Bedeutung Gretes für Georg Trakl und
seine Gedichte heißt es bei Kleefeld: „Trakl sah in der Schwester
das Spiegelbild seines eigenen Selbst; als *Fremdlingin* und *Jünglingin* erscheint sie in den Gedichten, als Komplementärgestalt
zum Fremdling und Jüngling (…). Bruder und Schwester, Mann
und Frau begreift der Dichter als Teile einer ursprünglichen, aber
längst verlorengegangenen Einheit (…). Schmerzlich empfindet
Trakl die Trennung, den Gegensatz der Geschlechter, die Sexualität. (…) Mit dem Verlust der Einheit, mit der Entgegensetzung der
Geschlechter beginnt die Herrschaft des Eros, der bei Trakl aber
nicht als Gott, sondern als bedrohlicher Dämon erscheint." [63]

*Grete als
Spiegelbild
Trakls*

Eine zweite Frauengestalt ist zu erwähnen, nämlich Trakls Mutter. Diese hatte zu ihren Kindern ein eher distanziert-unterkühltes
Verhältnis. Erzogen wurden Georg Trakl und seine Geschwister
rund 14 Jahre lang (von einer kurzen Unterbrechung abgesehen)
von der Gouvernante Marie Boring, einer Katholikin aus dem El-
sass, die mit den Kindern der Familie Französisch sprach. Georg
Trakls Mutter hat sich wenig mit den Kindern, aber umso mehr mit
ihrer Antiquitäten- und Porzellansammlung beschäftigt, ließ aber

*Die Beziehung
zur Mutter*

---

61   An Karl B. Heinrich schreibt er am 19.3.1914: „Lieber Freund! Meine Schwester hat vor weni-
     gen Tagen eine Fehlgeburt gehabt, die mit außerordentlich vehementen Blutungen verbunden
     war. Ihr Zustand ist ein so besorgniserregender, umso mehr, als sie seit fünf Tagen keine Nah-
     rung zu sich genommen hat (…)." (zitiert nach Kemper/Max, S. 242)
62   Siehe Kemper/Max, S. 251
63   Kleefeld, in: *Achtzig Gedichte*, S. 120

den Kindern, ohne selbst ein Instrument zu spielen, eine musikalische Erziehung angedeihen (Klavierspiel). Basil charakterisiert die Beziehung Georg Trakls zu seiner Mutter als „Hassliebe", die sich speiste aus der mangelnden Emotionalität, ja Seelenkälte der Mutter auf der einen Seite und der Hinführung der Kinder zum Musikalisch-Ästhetischen auf der anderen Seite.[64] In *Traum und Umnachtung* spricht Trakl vom *versteinert(en) Antlitz der Mutter*, und es finden sich dort die Zeilen: *Aber in dunkler Höhle verbrachte er seine Tage, log und stahl und verbarg sich, ein flammender Wolf, vor dem weißen Antlitz der Mutter.* In *Sebastian im Traum* geht der Knabe an der *frierenden Hand der Mutter* über den Friedhof von Sankt Peter und betrachtet einen Leichnam.[65] Und in *Traum und Umnachtung* findet sich, auf Schwester und Mutter zugleich Bezug nehmend: „*Weh der steinernen Augen der Schwester, da beim Mahle ihr Wahnsinn auf die nächtige Stirn des Bruders trat, der Mutter unter leidenden Händen das Brot zu Stein ward.*"[66]

Betont werden muss aber an dieser Stelle noch einmal mit Nachdruck, dass sowohl die Schwester als auch die Mutter in den Gedichten Trakls nicht als reines Abbild der Realfiguren auftauchen; in beiden Figuren sind biografische Elemente gebrochen vorhanden, aber beide Figuren sind dichterische Schöpfungen, die in einem ästhetischen Kontext stehen, einem Geflecht aus poetischen Elementen. Dies gilt selbstverständlich auch für den Sprecher in Trakls Gedichten bzw. für das lyrische Ich. Allerdings ist dieses Ich in Trakls Lyrik aufs engste mit Trakl selbst verwoben und durch Einsamkeit, Traurigkeit, Verzweiflung, Melancholie, Weltekel und Selbstekel sowie auch Schuldgefühle bestimmt.

---

[64]   Siehe Basil, S. 28
[65]   Siehe TRA, S. 80 und 52
[66]   TRA, S. 83, Z. 149–152

2.2 Besonderheiten der Lyrik Georg Trakls

Diese Elemente (Einsamkeit, Traurigkeit, Verzweiflung etc.) durchziehen das Werk und das Leben des Autors Georg Trakl gleichermaßen und finden ihren Ausdruck in dem häufig melancholisch-depressiven Grundton seiner Gedichte, der sich bis zu Todesahnungen (siehe etwa *Nähe des Todes*) und Selbstmordphantasien steigern kann, so etwa in *Das Grauen*, in dem der Sprecher, sich im Spiegel betrachtend, sein Spiegelbild als *Kain* empfindet und das in der Schlusszeile mündet: *Da bin mit meinem Mörder ich allein.* [67] Die *bunten Bilder, die das Leben malt*, sieht das Ich *umdüstert nur von Dämmerungen.* [68] Das Leben wird stets begleitet vom Todesengel, von *Azraels Schatten.* [69]

Der Grundton Trakls

Trakls Leben ist bestimmt durch Phasen tiefster Depression, im Wechsel mit kürzeren euphorischen Schüben, durchzogen von einem Grundzug der Verlorenheit, der Einsamkeit, des Selbstzweifels und des Selbsthasses. Im Juni 1913 schreibt er an Ludwig von Ficker:

„Zu wenig Liebe, zu wenig Gerechtigkeit und Erbarmen, und immer zu wenig Liebe; allzuviel Härte, Hochmut und allerlei Verbrechertum – das bin ich. Ich bin gewiß, daß ich das Böse nur aus Schwäche und Feigheit unterlasse und damit meine Bosheit noch schände. Ich sehne den Tag herbei, an dem die Seele in diesem unseeligen von Schwermut verpesteten Körper nicht mehr wird wohnen wollen und können, an dem sie diese Spottgestalt aus Kot und Fäulnis verlassen wird, die nur ein allzugetreues Spiegelbild eines gottlosen, verfluchten Jahrhunderts ist." [70]

---

67 TRA, S. 34 (*Nähe des Todes*) und S. 134 (*Das Grauen*)
68 *Confiteor*, TRA, S. 147 (siehe auch im Interpretationsteil)
69 *Amen*, TRA, S. 34 (Azrael: Name des Todesengels in der islamischen Traditionsliteratur; er schreibt die Namen der Neugeborenen auf und streicht die Namen der Toten durch.)
70 Zitiert nach Kemper/Max, S. 239

Dieser Selbsthass, verbunden mit Selbstmordgedanken, Todes-
ängsten und den Vorstellungen vom Verfall, beeinflusst durch
Drogenexzesse und – ganz profan – auch häufige Geldsorgen sowie ein Gefühl der Schuld (Grete), verdichten sich in seinem Werk
und dem in seinen Gedichten in mannigfaltiger Form auftretenden
„Ich". [71] Der Knabe, der Jüngling, der Knabe Elis, ein Liebender,
der Wanderer, Kaspar Hauser, der Traumwandler, der Fremdling:
All diese Personen können als Verkörperung des einen „Ich" gelten. „Dieses vielfach gespiegelte ‚Ich' ist hoffnungslos gespalten,
schaut sich aus tausend Spiegeln selbst ins Gesicht und sucht in
der Vielheit eine Einheit (…)." [72]

Landschaften und Schauplätze

Außen- und
Innenräume

In Trakls Gedichten ist eine Dominanz von Außenräumen fest-
stellbar, weitaus seltener sind Innenräume (etwa ein Zimmer, das
aber wiederum häufig über den Blick durchs Fenster mit Außenräumen verbunden ist). Bei den Außenräumen handelt es sich
zumeist um Naturlandschaften (Feld, Tal, Wald – mehrfach tritt
hier das *blaue Wild* auf, eine Verkörperung Gretes) oder gestaltete
Landschaften (Park, Garten, Acker, Teich). Die Großstadt und ihre
Menschenmassen, ihre Cafés, Kinos und der Straßenverkehr, ihre
Fabriken und ihre Architektur, also zentrale Themen der Expressionisten, sind in Trakls Werk kaum Gegenstand. Soweit die Stadt
überhaupt als Sujet aufgegriffen wird, etwa in *Die schöne Stadt*,
sind es eher die Gefühle, die die alten Plätze, die erhellten Kirchen,
der Brunnen, die sanften Geräusche und die Düfte im Betrachter

---

71 Zu Trakls Geldnot siehe etwa die dringlichen Bittbriefe an Erhard Buschbeck (in: Kemper/Max,
S. 233–235). An Ludwig von Ficker schreibt er über seinen Seelenzustand im Februar 1913 u. a.
er sei „(h)eimgesucht von unsäglichen Erschütterungen, von denen ich nicht weiß, ob sie mich
zerstören oder vollenden wollen, zweifelnd an allem meinem Beginnen und im Angesicht einer
lächerlichen, ungewissen Zukunft (…)." (Kemper/Max, S. 231)
72 Maier, in: *In den Nachmittag geflüstert*, S. 23

hervorrufen und die Träume und Erinnerungen evozieren, die zum eigentlichen Thema werden. Oder die Stadt bzw. die Vorstadt konstituiert sich in Bildern des Ekels und wird mit kühnen Träumen und Visionen konfrontiert, wie etwa in *Vorstadt im Föhn*. [73] Die Zeit der Abendstunden und der Dämmerung, die Nacht und als Jahreszeiten Herbst und Winter lassen sich häufiger finden. Wolken, Bäume und Blumen, der Mond (und gelegentlich die Sonne), der Wind (Föhn), Licht und Schatten sind Naturphänomene, die uns immer wieder in Trakls Gedichten begegnen. All diese Elemente sind aber nicht bloß dekoratives Beiwerk oder reines Abbild von Natur und Landschaft, zumal Trakl tendenziell im Laufe seiner Entwicklung immer stärker zu einer Bildlichkeit gelangt, die sich von einer eindeutig zu dekodierenden Wiedererkennbarkeit dieser Elemente löst, in der also etwa Naturmetaphern durch einfachen Rückbezug auf ein Vergleichsstück zu entschlüsseln sind. Auch sind sie nicht nur Ausdruck einer Poetisierung des Lebens im Sinne einer Verschmelzung von Ich und Natur. Sie sind (häufig hermetisch-chiffrenhafte) Gestaltungselemente einer Seelenlandschaft, eines inneren Kampfes, einer Verzweiflung an sich selbst und der Welt, wie sie etwa in den ersten Zeilen von *Vorhölle* zum Ausdruck kommt:

Naturphänomene

Landschaft als Seelenlandschaft

> *An herbstlichen Mauern, es suchen Schatten dort*
> *Am Hügel das tönende Gold*
> *Weidende Abendwolken*
> *In der Ruh verdorrter Platanen.*
> *Dunklere Tränen odmet diese Zeit,*

---

73 Siehe TRA, S. 15 und S. 30 (siehe auch im Interpretationsteil)

> *Verdammnis, da des Träumers Herz*
> *Überfließt von purpurner Abendröte,*
> *Der Schwermut der rauchenden Stadt; (…)* [74]

Farbgebung und Musikalität

Ein weiteres wesentliches Merkmal der Lyrik Georg Trakls ist der Reichtum an Farbgestaltungen: blau, rot, golden, silbern, schwarz, braun – das sind die Farbtöne, die in vielen Gedichten auftauchen. [75] In den frühen Gedichten, etwa denen aus der *Sammlung 1909*, bleibt die Bildqualität der Farben, ihr semantischer Spielraum, zumeist noch im Bereich des Konventionellen, ihre Assoziationsbreite ist eingegrenzt und kann weitgehend als Widerspiegelung tatsächlicher äußerer Gegebenheiten gesehen werden. Die *blut-purpurne(n) Himmel* in *Drei Träume* sind als kräftiges Abendrot zu deuten, die *roten Wälder* in *Von den stillen Tagen* erwecken Erinnerungen an einen herbstlichen Laubwald. Auch der *rote Wein an rostigen Gittern* in *Verfall* (das in der *Sammlung 1909* noch mit *Herbst* betitelt ist) ist der Jahreszeit Herbst ohne Schwierigkeiten zuzuordnen. [76] Und wenn in *Die schöne Stadt* Orgelklänge *Hoch im Blau* zu hören sind, dann ist der Verweis auf den Himmel und die Verbindung mit den in der zweiten Strophe des Gedichts erwähnten *braun erhellten Kirchen* recht eindeutig. [77]

Farbmetaphorik
und Farbzeichen

In den späteren Gedichten löst sich die Farbgebung immer häufiger aus einem festgelegten, der literarischen Tradition oder der Farbsymbolik entnommenen Zusammenhang und geht über „uneigentliches Sprechen" weit hinaus: Da treffen wir auf die *silbernen Lider der Liebenden*, auf *purpurne Träume*, auf die *weiße Nacht*, auf

---

74 TRA, S. 72 (odmet = abgeleitet von Odem/Atem)
75 Der junge Georg Trakl galt als der „Spinner, der alles blau sah" (siehe hierzu Basil, S. 49).
76 Siehe TRA, S. 131, 132 und 133
77 TRA, S. 15

hyazinthene(s) Haar, auf *schwarzen Frost*, ein *rotes Tier*, ein *blaues Wild* und *goldene Schatten*, auf *purpurnen Nachttau* und den *Blick der Bläue*, auf *dunkle Gifte*, *vergilbte Pfade* und *silberne Zungen*.[78] Eine unmittelbare Korrespondenz zwischen der Bildebene und der Sachebene lässt sich nicht unbedingt herstellen; Uneindeutigkeit, Ambivalenz und eine große Konnotationsbreite treten an die Stelle einer einfachen Zuordnung. Ein außerhalb des Gedichtes existierender Sinn lässt sich nicht ohne weiteres aus diesen Farbkompositionen destillieren; der Sinn dieser Farbzeichen liegt im jeweiligen Text und in den Zeichen selbst, in ihrem Zusammenspiel mit anderen Elementen des Gedichtes wie dem Klang, dem Rhythmus, der Wortwahl. Es entsteht eine „Farbsymbolik, die sich an der alltäglichen Wirklichkeitserfahrung reibt; gerade dadurch aber wird innerhalb der Verse eine zeichenhafte ‚Wirklichkeit‘ erschaffen, in der Farben Gefühls- und Seinszustände bezeichnen können, ohne das, was sie bezeichnen, konkret festzulegen (…)."[79]

Wenn als letztes Element der Besonderheiten des lyrischen Schaffens von Georg Trakl auf die Musikalität hingewiesen werden soll, so bezieht sich das zunächst einmal auf den relativ schlichten Tatbestand, dass in zahlreichen Gedichten die Begriffe *Lied* bzw. *Gesang* schon im Titel oder in den Versen auftauchen (*Gesang zur Nacht*, *Gesang einer gefangenen Amsel*, *Geistliches Lied*, *Nachtlied*, *Wiegenlied*, *Weihegesang*) und dass Musikinstrumente oder Klänge erwähnt werden (*Glockenklang*, *Gitarre*, *Flöten*, *Gong*, *Trompeten*). Entscheidender ist aber auch hier, dass Trakl Bildkompositionen schafft, die ungewöhnlich sind, etwa durch die Kombination von Farbe und Klang: *Verhallend eines Gongs braungoldene Klänge* (in *Traum des Bösen*) oder durch eine ungewöhnliche Zuordnung von

*„Lied",
Instrumente,
Musikalität*

---

78   TRA, S. 67, 69, 70, 75, 78, 79, 83
79   Maier, in: *In den Nachmittag geflüstert*, S. 21

Attribut und Nomen: *Durch schwarzes Geäst tönen schmerzliche Glocken* (in *Zu Abend mein Herz*).[80] Durchaus noch konventionell zu Nennendes (*Sein traurig Lied singt träumend ein Soldat*) steht neben Befremdlichem (*Im Haselgebüsch / Klangen wieder kristallne Engel*), dessen Deutung nicht ohne weiteres gelingt (wie klingen „kristallne" Engel?)[81] Dies aber führt dazu, dass der Sinn der Bilder nicht in einem Wirklichkeitsbezug außerhalb des Bildes zu suchen ist, sondern in seinem Klang selbst besteht. Die Musikalität entsteht hier durch eine Wort-Laut-Kombination, deren Bedeutung nicht in einem rationalen Rückbezug auf die Wirklichkeit entdeckt werden kann, sondern als magisches Moment sinnlich erlebbar ist. Klang wird nicht beschrieben, sondern hervorgerufen. Ein „intellektuelles Bemühen verstellt den Zugang zu dieser Lyrik. Sie will mit allen Sinnen aufgenommen sein; das Zusammenspiel von Farben, Klängen und Rhythmen appelliert an Vor-Rationales, an die Phantasie des Lesers, nicht an seinen Verstand."[82]

Dunkler, melancholischer Grundton

Der vorherrschende Grundton der Lyrik Georg Trakls, der „Trakl-Ton", ist von Dunkelheit und Melancholie geprägt, vom Bewusstsein des Vergehens und der Vergänglichkeit, des Verfalls und der Krankheit. *„Wie scheint doch alles Werdende so krank"*, heißt es in *Heiterer Frühling*, wobei der Titel eine solche Aussage zunächst wohl kaum erwarten lässt.[83] Diese Grundstimmung ist von Trakls Lebensweg und Lebensauffassung bestimmt, ist aber auch Ausdruck eines Bewusstseins davon, in einer „kranken", untergehenden Epoche zu leben, in einer Gesellschaft, die sich selbst überlebt hat, auch wenn der Glanz des kaiserlichen Österreichs diese Krankheit kaschiert. „Die in Biographie und Werk dieses Au-

---

80 TRA, S. 18, 20
81 TRA, S. 29, 27
82 Kleefeld, in: *Achtzig Gedichte*, S. 125
83 TRA, S. 29

tors zum Ausdruck gelangenden und ausgetragenen Leidens- und Depersonalisationszustände als Kennzeichen tiefgreifender Entfremdung lassen sich freilich nicht aus jenem gesellschaftlichen Kontext lösen, in dem Trakl sie erfuhr, auf den er mit seiner Poesie zu reagieren und ihm standzuhalten suchte – und dies umso mehr, je mehr er in seiner ‚bürgerlichen Existenz‘ zu scheitern drohte. So hat seine individuelle Leiden gestaltende Poesie auch von diesem Aspekt her ‚einen gesellschaftlichen Gehalt‘ (…).“ [84]

---

84   Kemper/Max, S. 316

2.3 Interpretationen

Andacht

Das Unverlorne meiner jungen Jahre
Ist stille Andacht an ein Glockenläuten,
An aller Kirchen dämmernde Altare
Und ihrer blauen Kuppeln Himmelweiten.

5 *An einer Orgel abendliche Weise,*
An weiter Plätze dunkelndes Verhallen,
Und an ein Brunnenplätschern, sanft und leise
Und süß, wie unverstandnes Kinderlallen.

Ich seh' mich träumend still die Hände falten
10 *Und längst vergessene Gebete flüstern,*
Und frühe Schwermut meinen Blick umdüstern.

Da schimmert aus verworrenen Gestalten
Ein Frauenbild, umflort von finstrer Trauer,
Und gießt in mich den Kelch verruchter Schauer. [85]

Das in der *Sammlung 1909* erschienene Gedicht *Andacht* ist als
Sonett gestaltet und besteht somit aus zwei Quartetten und zwei
Terzetten mit insgesamt 14 Versen. Das Gedicht führt über den
religiösen Gehalt des Titels (*Andacht* = Gebet, auch als Teil eines
Gottesdienstes) deutlich hinaus, denn es geht um die konzentrierte Vergegenwärtigung von Gefühls- und Gedankenerinnerungen
des lyrischen Ichs an die *jungen Jahre*, also an die Kinder- und

— — —

85   TRA, S. 134

Jugendzeit des Sprechers. Diese Vergegenwärtigung der Erinnerungen, die in die aktuelle Lebensphase des Sprechers hineinwirken, findet ihren Ausdruck in der durchgängigen Verwendung des Präsens. Dadurch werden Vergangenheit und Gegenwart miteinander verbunden. Der Rückblick schildert also zugleich einen Ist-Zustand.

Die beiden Quartette verorten die Jugend des Sprechers; strophenübergreifend werden hier architektonische Elemente, akustische und visuelle Eindrücke der Jugendzeit des Sprechers in einem nicht genannten Ort (eventuell Salzburg) aufgereiht. [86] Am Ende der ersten Strophe ist zwar ein Punkt gesetzt, die Reihung der Mosaiksteine der Erinnerung wird aber in der zweiten Strophe syntaktisch fortgeführt und auf den Beginn des Gedichts bezogen: *Das Unverlorne meiner jungen Jahre ist* (…). Erste und zweite Strophe bestehen somit im Grunde aus einem Satz. Der Neologismus *das Unverlorne* betont, dass hier das Wichtige, eben nicht Vergessene bzw. Verlorengegangene aus der Jugendzeit des Sprechers präsentiert wird. Aus einer Vielzahl von Erlebnissen und Eindrücken wählt der Sprecher bewusst aus. Der erste „Block" von Erinnerungen (*stille Andacht an*) ist in der ersten Strophe durch visuelle und akustische Eindrücke bestimmt, die an Kirchen gebunden sind: *Glockenläuten* (akustisch), *dämmernde Altare*, *blaue Kuppeln* (visuell). Die Architektur der Kirchen (Plural wie auch bei *Altare*) wird im vierten Vers durch das Nomen *Himmelweiten* (ebenfalls Plural) in ihrer Großzügigkeit betont und zugleich über die Farbgebung (*blaue Kuppeln)* in eine bildliche Vorstellung von einem schönen Himmel gefasst.

Quartette

———

86 Siehe hierzu die Interpretation zu *Die schöne Stadt*; es finden sich dort identische Elemente (Glockenläuten, Altäre, Brunnen, Kirchen, Plätze sowie akustische und visuelle Wahrnehmungen).

Die erste Verszeile der zweiten Strophe knüpft inhaltlich an die erste Strophe an. Werden dort die Kirchen selbst, ihre *Kuppeln* und *Altare* sowie das Läuten der *Glocken* genannt, wird jetzt das Orgelspiel erwähnt. Die Erinnerung hält also wiederum einen akustischen Eindruck fest. Die Reihung von akustischen Erinnerungen wird auch in den Folgezeilen fortgesetzt, wenn auch die Orte wechseln (erwähnt werden *Plätze* und ein *Brunnen*). Die auf den *Plätzen* zu vernehmenden Geräusche werden leiser, werden als Nachklang vernommen (*dunkelndes Verhallen*). Die Weite des *Himmels* (I/4) findet ihre Entsprechung in der Weite der *Plätze* (II/2), die *dämmernde(n)* Altäre (I/3) im *dunkelnde(n)* Verhallen (II/2). Die akustischen Erinnerungen werden im dritten Vers der zweiten Strophe ergänzt, nämlich um das *Plätschern* eines *Brunnens*, das mit einem *unverstandene(n) Kinderlallen* verglichen wird und als *sanft, leise und süß* gekennzeichnet wird.

Terzette Die dritte Strophe füllt nun den Begriff *Andacht* des Titels mit seinem religiösen Inhalt auf. Das lyrische Ich sieht sich *träumend still die Hände falten* und *längst vergessene Gebete flüstern*. Die Erinnerungen (das *Unverlorne*) wechseln also von Außenelementen (*Kirchen, Plätze* etc.) nun zum Sprecher selbst, wobei die Reihe akustischer Erinnerungsmomente fortgesetzt wird (*still, flüstern*). Bis in den zweiten Vers des ersten Terzetts ergibt sich als durchgehende Erinnerungsebene eine durch Stille geprägte „akustische Landschaft", die in einem umfangreichen Wortfeld aufgebaut ist: *stille Andacht, Verhallen, Plätschern, sanft, leise, still, flüstern*. Dieses Wortfeld umfasst die äußeren Gegebenheiten (die Örtlichkeiten und Klänge), die Handlung des Sprechers (*still die Hände falten*) und sein Sprechen selbst (*flüstern*), sodass Äußeres und Inneres in Harmonie verbunden sind. Keine äußere Einwirkung stört diesen Gesamteindruck. Die Störung erfolgt vielmehr von innen, denn im dritten Vers des ersten Terzetts kennzeichnet der

Sprecher seine Stimmung als *Schwermut*. Dieser Gemütszustand wird in seiner Negativität durch das Verb *umdüstern* verstärkt – es ergibt sich, von der Strophe 1 aus betrachtet – eine Abstufung der Helligkeitswerte: *dämmerig – dunkel – düster*.

Diese Veränderung der Helligkeitswerte ist ein Element, das die innere (antithetische) Struktur des Sonetts ausgestaltet.[87] Als weitere Elemente sind der Wechsel von den Quartetten zu den Terzetten sowie die Veränderung des Reimschemas auf der formalen Ebene und die Veränderung der Blickrichtung zur Innensicht zu nennen. Im Zusammenspiel der unterschiedlichen Elemente vollzieht sich in der dritten Strophe, im Übergang vom zweiten zum dritten Vers, der Umschlag von einer zunächst als positiv zu kennzeichnenden Erinnerung ins Negative – in die Befindlichkeit des Sprechers. Dieser Übergang wird gleitend gestaltet, denn Trakl bindet die Stimmung der *Schwermut* durch das reihende *und* an die noch positiv konnotierten Erinnerungssplitter (*Hände falten*, *Gebete flüstern*). Die *Andacht* ist in der dritten Strophe als nahezu meditativ-kontemplativer Zustand gekennzeichnet; der Sprecher sieht sich *träumend still die Hände falten*. Die Zeitangabe *frühe Schwermut* macht deutlich, dass dieser Gefühlszustand in die Kinder- und Jugendjahre des Sprechers zurückführt. Somit entsteht eine Verbindung zur ersten Verszeile (*jungen Jahre*). Während also die Gebete der Kinderzeit *längst vergessen* sind, reicht die *Schwermut* bzw. die Erinnerung daran bis in die Gegenwart des Sprechers. Ist der Blick auf die Orte der Kinder- und Jugendzeit positiv besetzt, ist der Innenblick von negativen Erinnerungen geprägt, *umdüstert*.

Antithetische Struktur

---

87 Zur Gedichtform Sonett siehe ausführlich die Erläuterungen in der Interpretation zu *Verfall*.

Das zweite Terzett gibt eine Erklärung für die *Schwermut* und die Umdüsterung der Erinnerungen. Aus all den Menschen der Vergangenheit, der Jugendzeit, die aber nicht mehr konkret erfasst sind (*verworrene Gestalten*) baut sich plötzlich (*da*) das Bild einer Frau auf, über das Verb *schimmern* als zunächst diffuse visuelle Erinnerung gekennzeichnet. Diese Erinnerung ist vollends negativ besetzt (*umflort von finstrer Trauer*): Die Abstufung der Helligkeitswerte von der ersten zur vierten Strophe kommt nun an ihren dunkelsten Punkt: einmal über das der Trauer zugeordnete Attribut *finster* (*dämmerig – dunkel – düster –finster*), zweitens über die Kennzeichnung des Frauenbildes als *umflort* von Trauer, wodurch die Farbe SCHWARZ aufgerufen wird (Trauerflor). Dieses Frauenbild *gießt* in den Sprecher den *Kelch verruchter Schauer*. Der *Kelch* steht im Zusammenhang mit der *Andacht* in einem religiösen Kontext. Er symbolisiert einerseits die Hoffnung auf Erlösung, auf den Bund mit Gott, wie etwa in Jesu Sätzen beim letzten Abendmahl: „Das ist der Kelch, das neue Testament in meinem Blut, das für euch vergossen wird." (Lukas 22, 20) Er taucht aber auch im Moment größter Verzweiflung auf, in den Stunden der Gefangennahme von Jesus, wenn er, sich an Gott wendend, sagt: „Vater, willst du, so nehme diesen Kelch von mir, doch nicht mein, sondern dein Wille geschehe" (Lukas 22, 42). In Trakls Gedicht ist der Kelch ein *Kelch verruchter Schauer*. Er symbolisiert Gottlosigkeit, Gotteslästerung und Sünde (ruchlos) und Abscheu (*Schauer*). Zugleich steht der Kelch symbolisch für die weibliche Form (offen, empfangend). Hier bedeutet er also weder Erlösung (Lukas 22, 20) noch Angst vor dem Tod (Lukas 22, 42), sondern steht für eine Sünde, für gotteslästerliches Verhalten, für Abscheu des Sprechers vor sich selbst, wobei er auf der gegenständlichen Ebene im direkten Gegensatz zum *Himmel* (1. Strophe), der durch Weite gekennzeichnet ist, zu sehen ist.

2.3   Interpretationen

Bei der Deutung gelangt man unweigerlich zu Trakls Verhältnis zu seiner Schwester Grete. [88] Trakl hat diese, das rein Geschwisterliche überschreitende Beziehung auch als Sünde verstanden, als gotteslästerliches Tun, das bereits in jungen Jahren begann. Insofern ist es nicht zufällig, dass dieser Selbstekel, diese Abscheu vor sich selbst aus der Situation des Betens entspringt, denn diese stille Beziehung zu Gott (*Gebete flüstern*) ist zugleich eine Situation äußerster Verzweiflung über die Sündhaftigkeit des eigenen Tuns, eine Verzweiflung darüber, dass der *Kelch* hier kein Kelch der Erlösung, der Heilsverheißung ist, sondern ein Kelch des Bösen, weil es keine Hoffnung auf Erlösung von der Sünde gibt. Das Beten, das zunächst noch an die positiven Erinnerungen in den Quartetten angeschlossen ist, erweist sich vom Ende des Gedichtes her bereits als dunkel eingefärbt, als Aufbrechen eines Schmerzes im Akt der Erinnerung. Was im Gedicht *Andacht* als Erinnerung an eine durch harmonische Klänge und beschauliche Orte bestimmte (zunächst harmonisch erscheinende) Jugendzeit beginnt, endet in einer inneren Katastrophe. Der Sprecher ist auf sich selbst und seine schuldhafte Verstrickung zurückgeworfen.

Die innere Katastrophe

---

88   Siehe hierzu die Anmerkungen im Teil 2.2 und in der Interpretation zu *De profundis* und *An die Schwester*

An die Schwester

Wo du gehst wird Herbst und Abend,
Blaues Wild, das unter Bäumen tönt,
Einsamer Weiher am Abend.

Leise der Flug der Vögel tönt,
5   *Die Schwermut über deinen Augenbogen,*
Dein schmales Lächeln tönt.

Gott hat deine Lider verbogen.
Sterne suchen nachts, Karfreitagskind,
Deinen Stirnenbogen.[89]

Entstehung

Georg Trakls Gedicht *An die Schwester* ist das einzige seiner Gedichte, das die Schwester bereits im Titel erwähnt und sie zugleich
als Adressatin ausweist. Das der Sammlung *Gedichte* zugehörige
Werk, das aus drei Strophen zu je drei Versen besteht (Terzinen),
ist in einer Zeit entstanden, in der Trakls Schwester Grete, nach der
gemeinsamen Zeit in Wien (1909), nach Berlin übersiedelt, um dort
ihr Klavierstudium fortzusetzen. In Berlin wird sie im Jahre 1912,
sie ist einundzwanzig Jahre alt, den wesentlichen älteren Arthur
Langen heiraten. Trakls Wiener Zeit ist durch Phasen euphori-
scher Zustände und tiefste Depressionsschübe gekennzeichnet.
Die Veröffentlichung von Gedichten macht zunächst nicht wirklich Fortschritte, eine berufliche Perspektive, die ihn ausfüllt, sieht
er noch nicht (wenngleich er sein Pharmaziestudium abschließt).
Gretes Übersiedlung nach Berlin empfindet Trakl, obsessiv in die

---

89   TRA, S. 34

2.3 Interpretationen

Beziehung zur Schwester verstrickt, als schmerzlichen Verlust – und gleichzeitig ist er immer wieder voller Schuldgefühle (Verführung der Schwester zu Drogen, inzestuöses Verhältnis).

Das Gedicht wird in der ersten Strophe mit einem Naturtableau eröffnet, das um die Nomen *Herbst*, *Abend*, *Wild*, *Bäume* und *Weiher* aufgebaut ist. Die Schwester wird im ersten Vers mit der Jahreszeit *Herbst* und dem *Abend* verbunden (*Wo du gehst wird Herbst und Abend*), wodurch zugleich ein für Trakl typisches Stimmungsbild erzeugt wird, das sich über die Naturelemente vermittelt: *Herbst* als ambivalente Jahreszeit zwischen Farbenpracht und Verfall, der *Abend* an der Grenzlinie von Dämmerung und Nacht.[90] Der zweite Vers, von dem ersten durch ein Komma getrennt (auch in der ersten Verszeile wäre nach dem Vordersatz ein Komma zu erwarten, das aber fehlt), kennzeichnet die Schwester als *Blaues Wild, das unter Bäumen tönt*.[91] Die Farbzuordnung BLAU ist in der Lyrik Trakls von Offenheit bzw. Mehrdeutigkeit geprägt und taucht in unterschiedlichen Zusammenhängen auf: *In Blauen Schauern kam vom Hügel der Nachtwind* oder *Aus verwesender Bläue trat die bleiche Gestalt der Schwester* sowie *das blaue Lachen des Quells und die schwarze Kühle der Nacht* (drei Beispiele aus *Offenbarung und Untergang*). *Schweigsam stieg vom schwarzen Wald ein blaues Wild / Die Seele nieder* finden wir in *Nachtseele* (3. Fassung).[92] Das Wild wiederum steht häufig in der Nähe zum Tod, so etwa in *Das dunkle Tal*: *Ein Wild verblutet im Haselgesträuch* oder in Verbindung mit dem Farbadjektiv blau: *Ein blaues Wild / Blutet leise im Dornen-*

Das *Blaue Wild*

----

90 Der Herbst als farbenprächtiges Spiel etwa in *Stundenlied*: „Purpurn färbt sich das Laub im Herbst; der mönchische Geist / Durchwandelt heitere Tage; reif ist die Traube (…)", TRA, S. 48; der Herbst aber auch als die Zeit des „Verfalls" (siehe die Interpretation zu *Verfall* in diesem Band).

91 Hier wird unterstellt, dass das *blaue Wild* als Apposition dem DU der ersten Verszeile zuzuordnen ist, wobei anzumerken ist, dass die syntaktischen Zuordnungen in der ersten Strophe nicht eindeutig sind; dieses Problem besteht besonders in Bezug auf die dritte Zeile.

92 TRA, S. 95 ff. (*Offenbarung und Untergang*) und S. 108 (*Nachtseele*)

gestrüpp. [93] Dem *blaue(n) Wild* wird das Verb *tönen* als Prädikat beigegeben, das sich in der ersten und der dritten Verszeile der zweiten Strophe wiederfindet (jeweils als letztes Wort der Verszeile). Dieser prädikativen Zuordnung des Verbes *tönen* wird durch die Stellung am Ende des Verses und die Wiederholung besondere Bedeutung zugewiesen. In Verbindung mit dem Subjekt *Wild* kann es als Hinweis auf die Musikalität Gretes, die eine begabte Klavierspielerin war, gesehen werden. Das Verb *tönen* verweist aber zugleich auf den Titel der Gedichtgruppe (*Rosenkranzlieder*), unterstreicht somit das Liedhaft-Klagende des Textes.

Eine syntaktische Verknüpfung der dritten Verszeile der ersten Strophe mit den ersten beiden Zeilen ist kaum eindeutig vorzunehmen, eine Kausalbeziehung stellt sich nicht ein. Ein Anschluss an die erste Zeile (an das Subjekt *Herbst und Abend*) ist denkbar, ergäbe über die Verdoppelung des Nomens *Abend* dann aber kaum einen Sinn (*Wo du gehst, wird Herbst und Abend und ein einsamer Weiher am Abend*). Als elliptisch konstruierter Satz, der sich, nur durch das Komma getrennt, an die beiden ersten Zeilen anschließt, wäre er ebenfalls denkbar – Wie könnte der vollständige Satz dann aber lauten? Etwa: Ein einsamer Weiher ruht am Abend.

Grammatik als Problem der Deutung

Diese Schwierigkeiten einer grammatischen Zuordnung lassen die Vermutung aufkommen, dass es hier mehr um den Aufbau eines komplexen Gesamtzusammenhanges geht, der durch das Ineinanderschieben bzw. durch die Reihung einzelner Momentaufnahmen entsteht, und nicht so sehr um kausale grammatische Zuordnungen. Dieses Gesamtbild entgrenzt dann bereits in der ersten Strophe die aufgebaute Stimmung und führt sie über den abbildhaften Kern der genannten Naturelemente hinaus. So wäre

---

93   TRA S. 159 (*Das dunkle Tal*) und S. 50 (*Elis*, 3. Fassung)

die dritte Verszeile, die den Weiher personifiziert, als Hinführung zum Thema ‚Einsamkeit' zu verstehen.

Die Inversion im ersten Vers der zweiten Strophe führt dazu, dass das Adverb *leise* und das zughörige Prädikat *tönt*, die sich als Klangeindruck aufeinander beziehen, durch Spitzenstellung (*leise*) und die Stellung am Ende des Satzes (*tönt*) besonders hervorgehoben werden. Der *Flug der Vögel* verbindet die bisherigen Naturelemente topographisch mit dem Himmel und kann als Metapher für den (sehnsuchtsvollen) Blick in einen transzendentalen Raum verstanden werden. Erneut folgt ein Satz ohne Prädikat, erneut wendet sich der Sprecher unmittelbar an die Schwester, deren Gemütszustand als *Schwermut* bezeichnet wird. Der Einsamkeit (Strophe 1) wird nun die Schwermut an die Seite gestellt, was die Vermutung stützt, es gehe hier nicht um eine Naturlandschaft, sondern um eine Seelenlandschaft, in der Sprecher und Schwester verbunden sind. [94] Dies lässt sich unter Verweis auf die erste Strophe des Gedichts *Untergang* stützen, in der wir ähnliche Elemente im Zusammenspiel finden:

> *Unter den dunklen* **Bogen unserer Schwermut**
> *Spielen am* **Abend** *die Schatten verstorbener Engel.*
> *Über den weißen* **Weiher**
> *Sind die wilden* **Vögel** *fortgezogen.* [95]

Der dritte Vers (2. Strophe in *An die Schwester*) ist ein eigenständiger Hauptsatz, der die Seelenlage weiterhin negativ konnotiert, denn das *Lächeln* wird durch das Attribut *schmal* eher zu einem

---

94 Erneut stoßen wir hier an Probleme der Grammatik: Korrekt müsste es in der hier vorliegenden Ellipse heißen … über deinem Augenbogen.
95 TRA, S. 213 (*Untergang*, 4. Fassung) [Hervorhebungen nicht im Original, BM]

mimischen Ausdruck von Hilflosigkeit, Bedrückung oder Verzweiflung. Holt die erste Strophe den Gang der Schwester noch neutral ins Bild, so sind der Blick (*Augen*) und der Mund (hier über das hörbar gemachte *Lächeln*) bereits durch Verdunkelung gekennzeichnet (die im ersten Vers der ersten Strophe erwähnte Zeit des *Abend(s)* ist also mehr als eine reine Zeitangabe, sondern schon ein Stimmungsbild).

Ein Bild brachialer Gewalt

Der erste Vers der dritten Strophe greift über das Wort *Lider* den Bezirk der Augen auf, die in ein Bild brachialer Gewalt gesetzt werden: *Gott hat deine Lider verbogen.* Das hier verwendete Tempus Perfekt steht im Gegensatz zu dem in allen anderen Versen verwendeten Präsens und gibt dem geschilderten Vorgang etwas Abgeschlossenes, Endgültiges. Die Partizipialform *verbogen* stellt eine Verbindung zum Wort *Augenbogen* (II/2) und zum Wort *Stirnenbogen* (III/3) her und verdinglicht zugleich die *Augen* (man verbiegt z. B. Nägel aus Eisen). Gott tritt nahezu als alttestamentarisch-strafende Instanz auf. Der Himmel, den die Vögel befliegen (II/1), verheißt nicht Erlösung, sondern Bestrafung. Das Verbiegen der (Augen-)*Lider* durch Gott kehrt das im Neuen Testament häufig zu findende Augenmotiv um (siehe etwa Markus 8, 18 oder Matthäus 9, 30). Im Neuen Testament öffnet Gott bzw. Jesus den Menschen häufig die Augen, sie werden sehend: „Da wurden ihre Augen geöffnet, und sie erkannten ihn." (Lukas 24, 31) Hier aber werden die Augen zerstört – ein „Sehen" (eine Nähe zu Gott) wird unmöglich gemacht. An die Stelle von Erlösung treten Leid und Strafe. Dies betonen auch die letzten beiden Verse. Die *Sterne* suchen nachts den *Stirnenbogen* der Schwester, die als *Karfreitagskind* bezeichnet wird. Der Schwester werden Leiden und Tod Jesu Christi zugeordnet – Grete ist am 8. August 1891 geboren, die Bezeichnung hat also keinen biografischen Zusammenhang. Das Suchen der Sterne nach ihr lässt aber auf die Leiden keine

2.3   Interpretationen

Erlösung folgen, es kann sogar als Heimsuchung, als Fortsetzung der Strafe verstanden werden.

Schuld und Strafe

Georg Trakl greift in *An die Schwester* das (autobiographisch grundierte) Thema ‚Schuld und Strafe' auf und zeichnet die Schwester als Opfer (*blaues Wild*) und Leidende (*Karfreitagskind*). Von diesem Leid, das aus Schuld resultiert, scheint es keine Erlösung zu geben – das Leben ist von Einsamkeit, Schwermut und Bestrafung bestimmt, Hoffnung gibt es nicht. Trakl fasst dieses Thema zunächst in ein Naturbild, das aber als Seelenlandschaft zu verstehen und kunstvoll komponiert ist: Den drei Strophen mit jeweils drei Versen entspricht die dreimalige Verwendung des Verbs *tönen*, das dreimal als Prädikat ans Versende gestellt ist. Zwischen dieses Prädikat ist regelmäßig jeweils ein weiterer Vers geschoben, bis es wieder aufgegriffen wird. Ebenso verfährt Trakl bei der dreimaligen Verwendung des Wortes *Bogen/(ver-)bogen*. Jede der drei Strophen beginnt im ersten Vers mit einem vollständigen (Haupt-)Satz. Zugleich schreitet er über die Lexeme *Augenbogen*, *Lächeln*, *Lider* und *Stirn* das menschliche Gesicht ab. Und in jeder der drei Strophen wird die Schwester angesprochen – ihr gilt das als Klage zu deutende „Lied", das er ihr nach Berlin nachzusenden scheint.

An einem Fenster

Über den Dächern das Himmelblau,
Und Wolken, die vorüberziehn,
Vorm Fenster ein Baum im Frühlingstau,

Und ein Vogel, der trunken himmelan schnellt,
5 *Von Blüten ein verlorener Duft –*
Es fühlt ein Herz: Das ist die Welt!

Die Stille wächst und der Mittag glüht!
Mein Gott, wie ist die Welt so reich!
Ich träume und träum' und das Leben flieht,

10 *Das Leben da draußen – irgendwo*
Mir fern durch ein Meer von Einsamkeit!
Es fühlt's ein Herz und wird nicht froh! [96]

Das Gedicht *An einem Fenster* gehört zur *Sammlung 1909*, ist also ein Frühwerk Georg Trakls. Der Titel verdeutlicht den Standort des lyrischen Ichs. Zugleich ist das Fenster, an dem der Sprecher steht und das das in der Romantik beliebte Fenster-Motiv aufgreift, Symbol für die Sicht auf die Innen- und Außenwelt, die in den vier dreizeiligen Strophen miteinander verbunden werden.

In den Dreizeilern umrahmen die sich reimenden ersten und dritten Verse die reimlose Zeile in der Mitte (Waise). Die einzelnen Verszeilen sind unterschiedlich lang, sie umfassen zwischen acht und elf Silben. Die vier Strophen können zu zwei Strophenblöcken gruppiert werden: der letzte Vers der zweiten Strophe und

---

96 TRA, S. 142

der letzte Vers der vierten Strophe weisen jeweils acht Silben auf,
sind durch einen nahezu identischen Versanfang gekennzeichnet
und enthalten die Schlüsselwörter *fühlen* und *Herz*, wodurch sie
besonders hervorgehoben werden.

Die erste Strophe markiert den Standort des Sprechers und
vermittelt ein beim Blick aus dem Fenster aufgefangenes Naturbild, das von Elementen der Ferne (*Himmel* und *Wolken* über den
Dächern der Häuser) und der Nähe (ein *Baum* vor dem *Fenster*)
geprägt ist. Die Aufzählung der Naturelemente wird in der zweiten Strophe fortgesetzt (Strophensprung); ein Komma steht am
Ende der ersten Strophe, die zweite ist mit der Konjunktion *und*
angebunden. Die Naturelemente (*Himmel*, *Baum*) werden um einen *Vogel* ergänzt, der sich zum Himmel erhebt, und der visuelle
Eindruck wird um einen olfaktorischen Eindruck erweitert: Der
Sprecher nimmt den *Duft* von Blumen wahr. Am Ende des zweiten
Verses der zweiten Strophe folgt ein Gedankenstrich. Bis hierhin
werden über den Blick und die geruchsmäßige Wahrnehmung der
Blumen das „Oben" (der *Himmel* über den *Dächern*), die „Mitte"
(der *Baum* vor dem *Fenster*) und das „Unten" (die Blumen am Boden, deren *Duft* aber das Fenster erreicht) in einer Aneinander-
reihung von Adverbialen miteinander verbunden. Dieses zunächst
positive Naturbild erfährt zwei leichte „Eintrübungen": der *Vogel*
schnellt *trunken* zum Himmel, der Blütenduft wirkt *verloren*. Es
wird aber zugleich in der dritten Verszeile der zweiten Strophe –
der Gedankenstrich signalisiert einen Moment des Nachdenkens,
der Besinnung – in eine Gefühlsaussage gefasst: *Es fühlt ein Herz:
Das ist die Welt*. Auffällig ist, dass der Sprecher dieses Gefühl nicht
als Gefühl seines Herzens bezeichnet, sondern den unbestimmten
Artikel verwendet: *Es fühlt ein Herz*. Diese Formulierung lässt zunächst zwei Deutungsmöglichkeiten zu: Der unbestimmte Artikel
kann der Verallgemeinerung dienen – jedes *Herz* hätte dann durch

*Elemente der
Außenwelt*

2.3   Interpretationen

die genannten Naturelemente diese Wahrnehmung der äußeren Welt. Aber auch das gegenteilige Verständnis ist denkbar, nämlich die Betonung der Singularität der Empfindung, die nur dieses eine *Herz*, das des Sprechers, betrifft.

Der erste Vers der dritten Strophe verdichtet die Atmosphäre um den Eindruck der Stille (erneut ein akustischer Eindruck) und der Temperatur. Die Metapher vom Mittag, der *glüht*, kann als Abbild einer am Himmel stehenden Mittagssonne verstanden werden. Die *wachsende Stille* deutet darauf hin, dass menschliche Geräusche (Arbeit, Straßenverkehr, Kommunikation) nicht zu vernehmen sind bzw. immer mehr zum Erliegen kommen, der Ich-Sprecher sich also in einer Situation der Abgeschiedenheit von den Menschen befindet. Genau diese Abgeschiedenheit von den Menschen empfindet das lyrische Ich aber als Reichtum, was sich in dem Ausruf *Mein Gott, wie ist die Welt so reich!* ausdrückt. Der Reichtum der Welt ist der Reichtum der Natur, wie sie in den ersten Zeilen beschrieben wird. Das lyrische Ich gerät in den Zustand des Träumens, dessen anhaltende Dauer durch die Wiederholung des Verbs *träumen* unterstrichen wird. Mit dem anhaltenden Zustand des Träumens geht zugleich das Bewusstsein von der äußeren Welt verloren (*und das Leben flieht*). Diese Gleichzeitigkeit der Vorgänge findet ihre syntaktische Form in der durch *und* verbundenen Reihung der zwei kurzen Hauptsätze im letzten Vers der dritten Strophe.

Wie zwischen der ersten und zweiten Strophe kommt es auch zwischen der dritten und vierten zu einem Zeilensprung (zugleich ein Strophensprung), dadurch werden die Folgezeilen mit der dritten Strophe verbunden. Zunächst wird das Lexem *Leben* aufgegriffen und präzisiert: das *Leben da draußen* – das Leben in der äußeren Welt. Damit ist sowohl das Leben außerhalb des Zimmers gemeint, aber auch das Leben des seelischen Bezirks des Sprechers, also des

(Randnotiz links) Zustand des Träumens

2.3 Interpretationen

*Traumland*s, in dem er sich befindet.[97] Von diesem *Leben*, das nun nicht mehr im Nahraum vor dem Fenster verortet wird, sondern im *irgendwo*, fühlt sich der Sprecher durch ein *Meer von Einsamkeit* getrennt. Diese hyperbolische Metapher signalisiert die Unüberwindbarkeit der Trennung zwischen Sprecher und Leben. Der Beginn der letzten Verszeile der zweiten Strophe wird (leicht variiert) wieder aufgegriffen, führt aber nun zu einer anderen Konsequenz: Das *Herz* des Sprechers wird *nicht froh*. Die Litotes (verstärkte Hervorhebung durch Verneinung des Gegenteils) betont die Traurigkeit, die das *Herz* des Sprechers erfasst und anfüllt.

Einsamkeit

Was also als Beschreibung der äußeren Natur und Welt beginnt, führt in wenigen Zeilen zu einem Blick in das Seelenleben des Sprechers, der sich von der äußeren Welt bzw. dem Leben getrennt sieht. Wir sehen also mit dem Sprecher durch das *Fenster* in einen Ausschnitt der äußeren Welt, der Natur, wir sehen aber in einer Gegenbewegung durch das *Fenster* in den Bezirk seiner Seele. Der Blick nach außen führt zu einem Blick nach innen, die Beschreibung der äußeren Welt dient der Beschreibung der inneren Welt. Wie der *Duft* der Blumen (siehe zweite Strophe) nur **verloren** ans Fenster dringt, so zeigt sich der Sprecher nun selbst als Verlorener, wie der *Vogel* sich **trunken** zum *Himmel* erhebt, ist der Sprecher im Zustand des Vorkognitiven, des Träumens. Dieses Gefühl der Verlorenheit hat Trakl sein ganzes Leben lang begleitet. So schreibt er 1914 an Karl Borromäus Heinrich: „Zwischen Trübsinn und **Trunkenheit verloren**, fehlt mir Kraft und Lust eine Lage zu verändern, die sich täglich unheilvoller gestaltet, bleibt nur mehr der Wunsch, ein Gewitter möchte hereinbrechen und mich reinigen oder zerstören."[98]

----

97   *Traumland. Eine Episode*: Titel eines Prosatextes von Trakl (siehe TRA, S. 109–113)
98   Zitiert nach Kemper/Max, S. 242 [Hervorhebung nicht im Original, BM]

2.3   Interpretationen

Das Fenstermotiv im Vergleich mit Eichendorffs Gedicht *Sehnsucht*

Diese Sicht auf die Welt, von der auch das Gedicht getragen wird, wird besonders deutlich, wenn man das Fenster-Motiv auf dem Hintergrund eines Vergleichstextes betrachtet, nämlich Eichendorffs *Sehnsucht*, dessen erste Strophe lautet:

> *Es schienen so golden die Sterne,*
> *Am Fenster ich einsam stand*
> *Und hörte aus weiter Ferne*
> *Ein Posthorn im stillen Land.*
> 5 *Das Herz mir im Leib entbrennte,*
> *Da hab ich mir heimlich gedacht:*
> *Ach, wer da mitreisen könnte*
> *In der prächtigen Sommernacht.* [99]

Die Ausgangssituation in beiden Gedichten ist identisch: Der Sprecher steht einsam am *Fenster*. Beide Sprecher nehmen die Schönheit der äußeren Welt wahr, bei Trakl konkretisiert durch die aufgereihten Naturelemente, bei Eichendorff ist es der von *Sternen* beleuchtete Himmel. Während aber in Trakls Gedicht die *Stille wächst*, empfängt der Sprecher bei Eichendorff ein akustisches Signal, das von Menschen ausgelöst wird (das *Posthorn*; in der zweiten Strophe dann ergänzt durch den Gesang von zwei Wanderern).

Genau dieses akustische Signal löst in Eichendorffs Sprecher die Sehnsucht aus, in die Welt hinauszugehen, die Enge des Zimmers zu verlassen, wobei der verwendete Konjunktiv II zugleich die Unerfüllbarkeit des Wunsches verdeutlicht.[100] Das *Ach* kommt fast einem Klageruf gleich, der verdeutlicht, wie groß der Wunsch

---

99 Zitiert nach Fassbinder, S. 104. Zur künstlerischen Gestaltung der Sehnsucht in Verbindung mit dem Fenster-Motiv siehe etwa Caspar David Friedrichs Gemälde „Frau am Fenster" (1822).

100 Es gehört sozusagen zum Kern des romantischen Leitgefühls der Sehnsucht, dass das Sich-Sehnen mit Nicht-Erfüllung verbunden ist.

ist, *mitreisen* zu können (*mitreisen:* also gemeinsam mit anderen in die Welt hinausgehen). Die äußere Welt ist die Welt der Weite und Freiheit, nach der das Innere des Sprechers sich sehnt, sie ist die Projektionsfläche für den Wunsch nach Entgrenzung. Bei Trakl ist eine entgegengesetzte Bewegung festzustellen. Der Wunsch, in die Welt, ins *Leben* zu gehen, kommt nicht wirklich auf, sondern die Trennung von der Welt wird betont (*das Meer von Einsamkeit*). Während der Sprecher bei Eichendorff sich in eine andere Welt hineinträumt (auch er verlässt ja nicht seinen Standort), führt das Träumen des Sprechers bei Trakl zur gleichzeitigen Trennung von dieser Welt (*und das Leben flieht*). Das Ich wird auf sich selbst zurückgeworfen: Daraus resultiert die in der letzten Zeile von *An einem Fenster* betonte Traurigkeit des Herzens. Der Sprecher bei Eichendorff sieht in die Welt hinaus, der Sprecher bei Trakl setzt sich ihr gegenüber, sein Blick ist nach innen gerichtet. Er nimmt sich selbst als Einsamer, als Isolierter wahr in einer Welt, die menschenleer scheint. Das lyrische Ich ist der Welt entfremdet – und sich selbst.

Confiteor

Die bunten Bilder, die das Leben malt
Seh' ich umdüstert nur von Dämmerungen,
Wie kraus verzerrte Schatten, trüb und kalt
Die kaum geboren, schon der Tod bezwungen.

5 *Und da von jedem Ding die Maske fiel,*
Seh' ich nur Angst, Verzweiflung, Schmach und Seuchen,
Der Menschheit heldenloses Trauerspiel,
Ein schlechtes Stück, gespielt auf Gräbern, Leichen.

Mich ekelt dieses wüste Traumgesicht.
10 *Doch will ein Machtgebot, daß ich verweile,*
Ein Komödiant, der seine Rolle spricht,
Gezwungen, voll Verzweiflung – Langeweile! [101]

Der Titel setzt das Gedicht zunächst in einen religiösen Kontext. Das *Confiteor* ist ein Gebet, ein Schuldbekenntnis in der (katholischen) Liturgie, das mit den Worten beginnt: „Confiteor Dei omnipotenti ..." (Ich bekenne gegenüber Gott, dem Allmächtigen ...). Dieses Schuldbekenntnis, das in den Folgezeilen auch gegenüber der Jungfrau Maria und einigen Heiligen ausgesprochen wird, läuft im ersten Absatz auf das Bekenntnis zu, „dass ich Gutes unterlassen und Böses getan habe." Der Inhalt des Gedichtes spricht allerdings nicht, wie der Titel vielleicht erwarten lässt, von Schuld oder Sünden, die man unmittelbar in religiöse (moralische oder ethische) Zusammenhänge stellen könnte. Vielmehr geht es um die Sicht des lyrischen Ichs auf die Welt und um seine Rolle in die-

———

101 TRA, S. 147

2.3 Interpretationen

ser Welt; der Sprecher sieht sich als *Ein Komödiant, der seine Rolle spricht.* Die Welt wird als ein Spiel, als ein Theaterstück gesehen. Ein ganzes Wortfeld wird in diesem Zusammenhang aufgebaut (*Maske, heldenloses Trauerspiel, schlechtes Stück, gespielt, Komödiant, Rolle*), so als wolle der Sprecher Shakespeares Satz aus *Wie es euch gefällt* (II/7) bestätigen: „Die ganze Welt ist eine Bühne und alle Frauen und Männer bloße Spieler."

Der Sprecher als Komödiant

Das Gedicht aus der *Sammlung 1909* umfasst drei Strophen mit jeweils vier Versen, die im Kreuzreim angeordnet sind und im regelmäßigen Wechsel männlich-stumpfe und weiblich-klingende Kadenzen sowie zehn bzw. elf Silben und fünf Hebungen aufweisen (fünfhebiger Jambus). Die erste Strophe besteht aus einer Hypotaxe, die alle vier Verse umgreift, und hat expositorische Funktion, denn sie führt zum Thema „Schein und Sein" hin. Das lyrische Ich setzt den *bunten Bilder(n), die das Leben malt*, seine Sicht auf die Welt gegenüber. Diese Weltsicht ist *umdüstert*, voller *Dämmerungen*. Der Sprecher sieht die Welt als eine *kraus verzerrte* Welt der *Schatten*, in der das Leben von der Geburt an bereits vom *Tod bezwungen* ist. Der Vielgestaltigkeit und Farbigkeit des Lebens (*bunte Bilder*) wird kontrastiv die negativ geprägte Sicht des Sprechers gegenüber gestellt (*bunt – trüb und kalt, Leben – Tod, Bilder – Schatten, malen – umdüstern, geboren – vom Tod bezwungen*). Diese kontrastiv-plakative Gegenüberstellung von Schein und Sein erinnert an die Weltsicht barocker Vanitas-Lyrik, wie wir sie etwa im Gedicht *Die Welt* von C. Hofmann von Hofmannswaldau finden:

2.3   Interpretationen

Was ist die Welt / und ihr berühmtes gläntzen?
Was ist die Welt und ihre gantze Pracht?
Ein schnöder Schein in kurtzgefasten Gräntzen /
Ein schneller Blitz bey schwartzgewölckter Nacht. [102]

In der zweiten Strophe von *Confiteor* geht es um die Dinge, die der
Sprecher jenseits der bunten Bilder sieht, da *die Maske fiel* (eine
Metapher für das nur Scheinhafte der *bunten Bilder*), wobei der
Beginn der zweiten Zeile der ersten Strophe in der zweiten Zeile
der zweiten Strophe wiederholt wird (*seh' ich*). Was der Sprecher
sieht, wird in eine Akkumulation negativ besetzter menschlicher
Stimmungen und Gefühle (*Angst, Verzweiflung, Schmach*) sowie Krankheiten gefasst (*Seuchen*), die im Bild vom *heldenlosen
Trauerspiel* zusammengeführt werden. Dieses *Trauerspiel* wird als
schlechtes Stück definiert, das auf *Gräbern* und *Leichen* aufgeführt
wird. Auch hier sind durchaus barocke Anklänge zu spüren: Das
menschliche Leben als Welttheater, die Welt als Tränental. Die
zweite Strophe illustriert und konkretisiert also die in der ersten
Strophe exponierte Problematik von Schein und Sein und zeigt
das scheinhaft übermalte Sein als eine von Krankheit, *Tod*, *Verzweiflung* und *Trauer* bestimmte Existenz des Menschen in einer
feindlichen Welt, in der die Menschen nicht selbstbestimmt sind,
sondern nur Mitwirkende einer Tragödie. Wie die erste Strophe
besteht auch die zweite aus einem alle Zeilen übergreifenden Satz.

Sicht auf die Welt

Die dritte Strophe hat selbstreflexiven Charakter und geht der
Frage nach, wie der Sprecher in dieser Welt existiert und welche
Haltung er dieser Welt gegenüber einnimmt. Das Gefühl des Sprechers ist durch *Ekel* bestimmt, die *bunten Bilder* haben sich zu
einem *wüste(n) Traumgesicht* gewandelt. Diese Haltung und die-

– – –

102 Zitiert nach Liebchen, S. 8

2.3 Interpretationen

ses Grundgefühl werden dadurch betont, dass der Sprecher diese Aussage in einen Hauptsatz fasst, der den ersten Vers einnimmt. (Verszeile und syntaktische Einheit sind nur in diesem ersten Vers der dritten Strophe kongruent.) Aus dieser Welt des Ekels scheint keine Flucht möglich zu sein, denn ein *Machtgebot* will, dass der Sprecher in dieser Welt verweilt. Der Sprecher nimmt die Rolle des *Komödiant(en)* ein, der seine *Rolle spricht* – er setzt sich damit einerseits in einen Gegensatz zum *heldenlosen Trauerspiel* (2. Strophe; Gegensatz Tragödie – Komödie), nimmt aber den Zustand der *Verzweiflung* aus der zweiten Strophe auf und ergänzt ihn durch das Gefühl der *Langeweile*, betont durch den Gedankenstrich, der beim Sprechen der letzten Zeile eine Pause verlangt.

Die Welt, die hier gezeigt wird, ist eine Welt ohne Sinn und ohne Sinnstiftung – insofern kann der Titel, der ja auf ein Schuldbekenntnis gegenüber dem allmächtigen Gott abhebt, aber in seiner Fortführung im Rahmen der Liturgie in der Hoffnung auf Vergebung der Sünden mündet, als Provokation gesehen werden, weil er am Anfang eines Gedichtes steht, das eine solche Hoffnung nicht bereithält, ja sie nicht einmal in Erwägung zieht. Diese Haltung steht auch im Gegensatz zur barocken Vanitas-Lyrik, die bei aller negativen Sicht auf die Welt antithetisch die Erlösung im Jenseits als Perspektive anbietet, so etwa in der Anrufung Gottes in den letzten Zeilen von Gryphius' Sonett *Abend*:

> *Lass, wenn der müde Leib entschläft, die Seele wachen,*
> *Und wenn der letzte Tag wird mit mir Abend machen,*
> *So reiß mich aus dem Tal der Finsternis zu dir!* [103]

Sinnverlust

---

103 Zitiert nach Liebchen, S. 11

Der Sprecher sieht sich selbst als Komödiant, der lediglich eine *Rolle* spricht und somit auch eine Maske trägt, unter der das wahre Ich verborgen bleibt – ein Ich voller Verzweiflung, ohne Aussicht auf Rettung, und ein Ich voller *Langeweile*. Wenn das lyrische Ich betont, es spreche *seine Rolle*, so setzt sich der Dichter, als den man den Rollensprecher hier auch sehen kann, nicht mehr der Welt und ihrem Leid gegenüber, sondern betont, dass auch aus seiner Kunst, der Dichtung, keine Hoffnung zu schöpfen ist. Auch die Lyrik, so mag es dann verstanden werden, malt lediglich *bunte Bilder*, aus denen kein Trost entsteht, weil sie das Elend der Welt nicht überwinden kann und der Dichter die Verzweiflung mit der Menschheit teilt (siehe II/2 und III/4). [104] Das Gedicht mag aber auch als stilisierte Selbstbeschreibung Trakls gesehen werden, der an Erhard Buschbeck schreibt: „Alles kommt auf die Stunde an, und ich sitze hier und verbrenne vor Ungeduld und Wüten gegen mich selbst. Das Schicksal scheint mir idiotisch, das mich nicht besser verwertet. In trauriger Langeweile Dein G. T." [105] Vielleicht ist es diese erkennbare Stilisierung – Trakl hat seinen Ton noch nicht gefunden –, die dazu führt, dass dem Gedicht etwas Deklamatorisches, Rhetorisches, ja *Gezwungenes* anhaftet.

---

104 Zum Aspekt des Apollinischen und Dionysischen siehe Kemper, Nachwort in Kemper/Max, S. 290 f. Unter Bezug auf das Gedicht *Confiteor* im Kontext der *Sammlung 1909* schreibt Kemper, Trakl habe „seiner Poesie die Funktion eines apollinischen Trostes und einer Täuschung über den wahren Zustand von Sein und Wirklichkeit verweigert." (S. 291)

105 Zitiert nach Kemper/Max, S. 253. Dieser Brief Trakls kann nicht genau datiert werden; er stammt eventuell aus dem Jahre 1909, also aus einer Zeit, in der Trakl noch wenig Hoffnung auf die Veröffentlichung seiner Werke hatte bzw. Veröffentlichungen nicht zustande kamen.

2.3 Interpretationen

De profundis

Es ist ein Stoppelfeld, in das ein schwarzer Regen fällt.
Es ist ein brauner Baum, der einsam dasteht.
Es ist ein Zischelwind, der leere Hütten umkreist.
Wie traurig dieser Abend.

5 *Am Weiler vorbei*
Sammelt die sanfte Waise noch spärliche Ähren ein.
Ihre Augen weiden rund und goldig in der Dämmerung
Und ihr Schoß harrt des himmlischen Bräutigams.

Bei der Heimkehr
10 *Fanden die Hirten den süßen Leib*
Verwest im Dornenbusch.

Ein Schatten bin ich ferne finsteren Dörfern.
Gottes Schweigen
Trank ich aus dem Brunnen des Hains.

15 *Auf meine Stirne tritt kaltes Metall*
Spinnen suchen mein Herz.
Es ist ein Licht, das in meinem Mund erlöscht.

Nachts fand ich mich auf einer Heide,
Starrend von Unrat und Staub der Sterne.
20 *Im Haselgebüsch*
Klangen wieder kristallne Engel. [106]

— — —

106 TRA, S. 27

Das Gedicht *De profundis* wurde am 15. Dezember 1912 im *Brenner* (III. Jahr/Heft 15) veröffentlicht und gehört zur Sammlung *Gedichte*. Der Titel verweist auf den Psalm 130, 1: „Aus der Tiefe rufe ich, Herr, zu dir." Ganz im Gegensatz zum Titel kündet der Text aber nicht von einer Hoffnung, die sich in der Anrufung Gottes ausdrückt, sondern er ist vielmehr von absoluter Gottesferne geprägt, von einer Verlorenheit in einer Welt ohne Glauben an eine Erlösung.

Das Gedicht besteht aus sechs Strophen, von denen die erste, zweite und sechste jeweils vier Zeilen aufweisen, die dritte, vierte und fünfte jeweils drei Zeilen, wobei inhaltlich die erste Strophe, die Strophen zwei und drei sowie die Strophen vier bis sechs eine Versgruppe bilden.

Natur als Schreckensbild

Die erste Strophe baut in drei Sätzen mit anaphorischen Satzeingängen (*Es ist ein …*) ein düsteres Naturbild auf, das im vierten Vers mit einem zusammenfassenden Kommentar versehen wird: *Wie traurig dieser Abend*. In ein spätherbstliches (abgeerntetes) Feld (darauf deuten die Stoppeln hin) fällt ein *schwarzer Regen*. Die Farbgebung *schwarz* weckt gleich zu Beginn die Vorstellung einer nahezu apokalyptischen Szene, in der die Landschaft in tiefste Dunkelheit gehüllt ist. Auch das im zweiten Vers erwähnte Naturelement *Baum* unterstreicht in doppelter Weise das im ersten Vers aufgebaute Schreckensbild: einmal durch die Farbgebung *braun*, die an Abgestorbenes und Verfaultes denken lässt (wenn die Farbe auch noch als abbildhafte Kennzeichnung der verfärbten Blätter verstanden werden könnte), vor allem aber durch die Personifizierung des Baums, der *einsam dasteht*. Das Motiv der Einsamkeit wird im dritten Vers mit dem Hinweis auf *leere Hütten* aufgegriffen und verstärkt. Die Hütten sind verlassen, Menschen scheint es in dieser Landschaft nicht (mehr) zu geben. Die Hütten werden von einem *Zischelwind umkreist*. Die Wortschöpfung *Zischelwind* ist durch die Lautkombination nicht nur mit einem unangenehmen Klang versehen, sondern weist dem Wind zudem etwas Bedrohliches zu, da wir das Verb *zischeln* mit einer Schlange assoziieren können und das Verb *umkreisen* an Raubtiere denken lässt, die ihre Beute umkreisen. Die drei Zeilen, die eine Atmosphäre von Einsamkeit, Gefahr und Düsternis beschreibend feststellen, sind weit von einer einfachen Naturbeschreibung entfernt, sie sind vielmehr Ausdruck eines Zustandes von Verlassenheit und Untergang. Die Natur ist kein idyllischer Raum, sondern eine Welt, die aus den Fugen geraten ist. Syntaktisch wird dies durch die drei parallel gebauten Sätze in den Versen 1–3 unterstützt, deren ungewöhnliche grammatische Konstruktion auffällt. [107] Der elliptisch organisierte vierte Vers (ein Prädikatselement fehlt) hebt sich nicht nur syntaktisch von den vorherigen drei Versen ab, sondern verlässt die Ebene des Beschreibens und geht zum Kommentar über – und dies, obwohl ein kommentierender Sprecher (ein Ich) noch nicht fassbar ist.

Die zweite Strophe steht – auf den ersten Blick – in völligem Kontrast zur ersten Strophe. Kündet die erste Strophe von einer menschenleeren und menschenfeindlichen Natur, wird nun ein Menschenwesen, *die sanfte Waise*, eingeführt. Die zweite Strophe besteht aus drei Hauptsätzen. Der erste, inversiv aufgebaut, umfasst zwei Zeilen und schildert eine Tätigkeit der *Waise*, nämlich das Sammeln von *Ähren*. Über die *Ähren* wird die zweite Strophe mit der ersten verbunden – *Ähren* werden nach der Ernte auf dem *(Stoppel-)Feld* gesammelt. Das aufgebaute Bild kann auf der Oberflächenstruktur als Hinweis auf ein armes, allein gelassenes Kind

Die Waise

---

107 In der ersten Zeile wäre etwa zu erwarten: Schwarzer Regen fällt in ein Stoppelfeld. Die zweite Zeile könnte schlicht lauten: Ein brauner Baum steht einsam da, die dritte: Ein Zischelwind umkreist leere Hütten.

verstanden werden, das, um der bitteren Armut und dem Hunger zu entgehen, *spärliche Ähren* einsammelt, die als Nahrung dienen. Dieser am Abbildhaften orientierten Deutung stehen aber zwei Textelemente entgegen. Zunächst der bestimmte Artikel: nicht **eine** *Waise*, sondern **die** *Waise*. Der bestimmte Artikel verleiht dem Menschenkind den Status des Singulären, Einzigartigen, aus der Vielzahl Herausgehobenen, was aber die Identität der Figur eher verrätselt als erklärt. Zweitens durch die Zuordnung des Attributs *sanft*: Wir verbinden mit dem Adjektiv, je nach Textzusammenhang, Eigenschaften wie friedlich, still, ruhig, gütig und harmonisch. Alle diese Eigenschaften setzen die *Waise* (wir assoziieren automatisch ein Kind) in einen Gegensatz zur feindlichen Umwelt der 1. Strophe. Dieser Gegensatz wird verstärkt durch die beiden durch ein *und* verbundenen Hauptsätze im dritten und vierten Vers (der 2. Strophe). Die Augen werden als *rund und goldig* beschrieben, ihre Blicke *weiden*. Dadurch bekommt die *Waise* nahezu etwas Tierhaftes: Es entsteht die Assoziation eines sanften Rehs, das uns aus *runden und goldigen* (nicht goldenen) Augen anblickt.

Verrätselung

Die Verrätselung wird fortgeführt durch die letzte Zeile, in der auf den *Schoß* hingewiesen wird, der auf den *himmlischen Bräutigam* wartet (Das Verb *harren* poetisiert den Vorgang des Wartens und stellt zugleich einen Bezug zu Psalm 130, 6 her: „Meine Seele harrt auf den Herrn ..."). Hier werden nun Geschlechtliches (*Schoß* als Hochwertwort, das auch Vagina bedeutet) und Transzendentales (*der himmlische Bräutigam*) miteinander verknüpft. Diese Zeilen eröffnen einen weiten, religiös konnotierten Bedeutungsspielraum. Die Beschreibung des Mädchens (der Frau?) verweist auf das *Hohelied*, in dem die Sulamith, die Geliebte Salomons, häufig mit Tiervergleichen beschrieben wird. So in 4, 1: „Deine **Augen** sind wie Taubenaugen zwischen den Zöpfen." Oder in 4, 5: „Deine zwei Brüste sind wie zwei junge **Rehzwillinge**, die unter Rosen **wei-**

Religiöse
Anspielungen

den." [Hervorhebung nicht im Original, BM] Anspielungen auf die Jungfrau Maria können aus den Zeilen gelesen werden (Matthäus 1, 18): „Als Maria (…) dem Joseph vertraut war, fand sich's, dass sie schwanger war von dem heiligen Geist." Und der Begriff *himmlischer Bräutigam* steht in religiösen Kontexten häufig für Jesus Christus, im Alten Testament auch für den Bund Gottes mit dem Volk Israel. Die Herkunft der *Waise* bleibt ungeklärt, ihr bisheriges Schicksal (Warum wurde sie zur Waise?) ebenso. Voraussetzungslos, ohne Erklärung wird in der dritten Strophe, die vom Präsens ins Präteritum wechselt, der Tod des Mädchens konstatiert. Der *süße Leib* befindet sich bereits im Zustand der *Verwesung.* Ursache und Umstände des Todes werden nicht genannt, er wird lediglich in seiner brutalen Konsequenz festgestellt – durch den drastischen Gegensatz zwischen dem *süßen Leib* und dem Zustand der *Verwesung*.

Abermals wird das Mädchen in religiöse Bezüge gesetzt. Gefunden wird es von *Hirten* in einem *Dornenbusch.* Erneut taucht die Verwendung des bestimmten Artikels auf – *die Hirten.* Dies lässt an die Hirten denken, die, von einem Stern geleitet, das Christuskind in einer Krippe voll Stroh finden. Aber dieses Kind in der Krippe lebt und spricht von Hoffnung, der verweste Leib der *Waise* im Gedicht dagegen spricht von Verfall. Der *Dornenbusch* steht ebenfalls in religiösen Kontexten. So stehen die Dornen bei Hiob im Gegensatz zum nährenden Getreide (Hiob 31, 40: „… so mögen mir Disteln wachsen für Weizen und Dornen für Gerste") und sind bildhafter Ausdruck einer Bestrafung (Selbstbestrafung). Und natürlich ruft der Dornenbusch die Kreuzigung Jesu assoziativ auf (Johannes 19, 2: „Und die Kriegsknechte flochten eine Krone von Dornen und setzten sie auf sein Haupt …"). Der Dornenbusch ist aber auch mit Offenbarung verbunden: Gott erscheint Mose als brennender Dornbusch.

2.3   Interpretationen

Deutungsansatz   Versucht man, das hier aufgebaute Ensemble von rätselhaften Motiven, Andeutungen, religiösen Anspielungen und kontrastiven Elementen in einen konsistenten Deutungszusammenhang zu stellen, wird man auf Trakl und sein Werk zurückgeworfen und findet Textstellen, die zu den bisher behandelten Passagen von *De profundis* in Bezug gesetzt werden können. Der Dornenbusch, verbunden mit einem Hinweis auf Augen, taucht in *An den Knaben Elis* auf: *Ein Dornenbusch tönt, / Wo deine mondenen Augen sind.* [108] Auf die Dornen und das Bild der Verwesung stoßen wir in *Offenbarung und Untergang: (…) ein strahlender Leichnam über ein Dunkles geneigt und es lag ein totes Lamm zu meinen Füßen. Aus verwesender Bläue trat die bleiche Gestalt der Schwester und also sprach ihr blutender Mund: Stich schwarzer Dorn.* [109] In *Psalm* finden wir: *Die toten Waisen liegen an der Gartenmauer.* [110] Die *runden Augen* begegnen uns in *Abendlied: Da ich deine schmalen Hände nahm / Schlugst du leise die runden Augen auf, / Dieses ist lange her.* [111] Im *Dramenfragment* stoßen wir auf: *Sprichst du von deiner Schwester! Ihr Antlitz sah ich heut' nacht im Sternenweiher, gehüllt in blutende Schleier. Des Vaters Fremdlingin – / Die Schwester singend im Dornenbusch und das Blut rann von ihren silbernen Fingern, Schweiß von der wächsernen Stirn. Wer trank ihr Blut?* [112] Und in konzentrierter Form begegnen uns Elemente aus *De profundis* in dem Prosatext *Traum und Umnachtung: O der Schauer, da jegliches seine Schuld weiß, dornige Pfade geht. Also fand er im Dornenbusch die weiße Gestalt des Kindes, blutend nach dem Mantel seines Bräutigams (…) In dorniger Wildnis folgte der Dunkle den vergilbten Pfaden im Korn (…).* [113]

--- --- ---

108 TRA, S. 17
109 TRA, S. 95, Z. 23–27
110 TRA, S. 33, Z. 32
111 TRA, S. 38
112 TRA, S. 249, Z. 21–26
113 TRA, S. 82, Z. 107–110, S. 83, Z. 156–158

Die genannten korrespondieren Textstellen können die Vermutung stützen, die Waise, von der hier die Rede ist, sei ein Bild für Trakls Schwester Grete. Trakl hat die Schwester, in seinen Texten auch als *Fremdlingin*, *Mönchin*, *Wild* und *Jünglingin* auftauchend, „in die Spiegelwelt seiner Gedichte hineingenommen, er hat sie sich einverwandelt; es ist eine Art unio mystica, die die beiden verbindet, verkörpert, verfleischlicht und zugleich vergeistigt."[114] Grete ist für Trakl Geliebte und Schwester zugleich, die Beziehung ist von Schuldbewusstsein und gleichzeitiger Erhöhung, ja Überhöhung gekennzeichnet: Noch in *Grodek*, seinem letzten Gedicht, taucht sie (als *der Schwester Schatten*) auf, um die *Geister der Helden* zu *grüßen*.[115] Geht man von diesen Überlegungen bei der Betrachtung der folgenden Strophen aus, so ergeben sich (strukturelle) Parallelen zwischen dem Schicksal der *Waise* und dem des Ich-Sprechers, der in der vierten Strophe auftaucht. Beide finden keine Erlösung, beide sind von Gott verlassen, die *Waise* erleidet einen körperlichen Tod, das lyrische Ich erleidet einen geistigen Tod. Diese Parallelsetzung lässt sich in mehrfacher Hinsicht am Text nachweisen. Zunächst einmal wird die vierte Strophe mit der dritten über die Gemeinsamkeit der Verszahl verbunden. Zudem sind diese beiden Strophen über das Verb *finden* miteinander verbunden (*fanden die Hirten / fand ich mich*).

Die Waise – Trakls Schwester?

Die vierte Strophe besteht aus zwei Hauptsätzen (der zweite umgreift die Verse 2 und 3). Der Ich-Sprecher bezeichnet sich als *Schatten* (als *Schatten* taucht die Schwester in *Grodek* auf). Das lyrische Ich lebt in absoluter Menschenferne, Einsamkeit und Dunkelheit (*ferne finsteren Dörfern*), wie ja auch die *Waise* in einer

Der Sprecher und die Waise

---

114 Basil, S. 70 f.
115 Es lassen sich auch hier Bezüge zum Hohenlied feststellen (Gleichsetzung von Schwester und Geliebter): „Du hast mir mein Herz genommen, meine Schwester, liebe Braut (...)." (4, 9)

menschenfernen Gegend über die Felder streift. Wie die Waise auf den *himmlischen Bräutigam* wartet, der aber nicht im Diesseits erscheint, aus dem sie durch ihren Tod gerissen wird, so ist der Ich-Sprecher mit dem *Schweigen Gottes* konfrontiert – Gott erhört den Rufenden (Titel!) nicht, seine Worte fallen in einen schalltoten Raum. Der vom Ich-Sprecher ersehnte Dialog mit Gott, der sich in seiner Anrufung ausdrückt, kommt nicht zustande; das Schweigen Gottes füllt den Ich-Sprecher an wie ein Trank, den er zu sich nimmt (*Trank ich aus dem Brunnen des Hains; Hain* hier als bewaldeter Ort, in der eine Gottheit verehrt wird, wie in der Antike oder im Alten Testament: „Heiliger Hain"). Ob der Ich-Sprecher verantwortlich für den Tod der *Waise* ist, bleibt offen, auch wenn die unmittelbare und unvermittelte Einführung des Ich-Sprechers, der sich als *Schatten* bezeichnet, im Zusammenhang mit dem verwesenden Leichnam dies vielleicht nahelegen könnte. Die 5. Strophe beschreibt weiterhin den Jetzt-Zustand des Sprechers und tut dies in chiffrierter Bildhaftigkeit: Auf die Stirne, den Ort des Denkens, *tritt kaltes Metall* – das Denken ist eingefroren, der Geist erstarrt. *Spinnen suchen* das *Herz* – den Ort der Gefühle und des pulsierenden Lebens. Der Raum der Kommunikation, der *Mund*, wird verdunkelt, was wiederum ein Hinweis darauf ist, dass das Ich in Gottesferne existiert („Ich bin das Licht der Welt" sagt Jesus über sich; siehe Johannes 8, 12). Die Satzkonstruktion der Verse 1–3 der 1. Strophe wird in Vers 3 der 5. Strophe aufgenommen, wodurch eine Verbindung zur bedrohlich-unheimlichen Natur hergestellt wird. *Stirn – Herz – Mund*: Der Ich-Sprecher wird fragmentarisiert, depersonalisiert – im Grunde hört er auf, als Mensch zu existieren, weil sein Leben durch eine transzendentale Obdachlosigkeit bestimmt ist.

Depersona-
lisierung

Dieser Befund wird in der letzten Strophe bestärkt. Das Ich, es erfolgt der dritte Wechsel ins Präteritum (Parallele zur 3. Strophe

2.3   Interpretationen

über das Verb „finden"), *von Unrat und Staub der Sterne bedeckt*, existiert in einem menschenleeren Naturareal; die *Sterne* sind keine Leuchtzeichen Gottes (wie es der Stern in der Weihnachtsgeschichte ist), sondern sind durch die Konjunktion *und* dem Unrat nebengeordnet und bedecken das Ich mit ihrem Staub.[116] Die *Sterne* scheinen erloschen zu sein.[117] Im *Haselgebüsch* (Bezugspunkt in Strophe 3 ist der Dornenbusch) klingen *kristallne Engel*, aber ihr Klang gilt nicht dem Ich, erreicht es nicht. Ihr Klang ist für das Ich ein akustischer Nachhall des Schweigen Gottes.

Der Transzendenzverlust trifft beide Figuren – das Ich und die *Waise*, auch wenn das Ende unterschiedlich ist (physischer Tod und das Überleben in Gottesferne). Diese Sichtweise wird durch die zahlreichen Bezugspunkte in der Struktur des Textes unterfüttert: Die Leiche der *Waise* verwest im *Dornenbusch*, das Ich ist von *Unrat und Staub* bedeckt; dem *Stoppelfeld*, auf dem die Waise *Ähren* sammelt, ist die *Heide* als Landschaft zugeordnet. Dem (vergeblichen) Warten auf den *himmlischen Bräutigam* entspricht das Schweigen Gottes. Beide, Ich und *Waise*, leben in Einsamkeit, in einer feindlichen Landschaft, letztlich im Nirgendwo. Die *Waise* sammelt in der *Dämmerung* des *Abends* auf dem Feld die *Ähren*, das Ich findet sich nachts auf der *Heide*. Diese inhaltlichen Parallelsetzungen finden ihren gestalterischen Ausdruck auch auf der lautlich-klanglichen Ebene. So verbindet etwa der Diphthong *ei* (*ai*) alle Strophen miteinander: *einsam – Weiler – Waise – (ein-)sammeln – weiden – Heimkehr – Leib – Schweigen – Hain – mei-*

Transzendenz-verlust

Lautebene

---

116 1913 schreibt Trakl an Ludwig von Ficker: „Ich sehne den Tag herbei, an dem die Seele in diesem unseeligen von Schwermut verpesteten Körper nicht mehr wird wohnen wollen und können, an dem sie diese Spottgestalt aus Kot und Fäulnis verlassen wird, die nur ein allzugetreues Spiegelbild eines gottlosen, verfluchten Jahrhunderts ist." (zitiert nach Kemper/Max, S. 239)

117 Das Erlöschen der Sterne ist in *Traum und Umnachtung* im Kontext der Beziehung zur Schwester zu finden und kann als Bild für Schuld verstanden werden: „(…) erschien in härenem Mantel ihm, ein flammender Dämon, die Schwester. Beim Erwachen erloschen zu ihren Häuptern die Sterne." (TRA, S. 82, Z. 87–89)

ne – mein – ein – Heide. In jeder Strophe gibt es eine Alliteration: *brauner Baum / sammelt, sanft, spärlich / Heimkehr, Hirten / ferne finsteren / Stirne, Spinnen / Staub, Sterne*. Dem Verb *harren* (Waise) entspricht lautlich das Verb *starren* (Ich-Sprecher, *starrend vor …*).

Georg Trakl hat sich und seine Schwester als Einheit gesehen, als das Zwei-in-Eins, als unio mystica (siehe das Zitat von Basil oben). Diese Sichtweise findet in den Bezeichnungen *Mönchin, Fremdlingin, Jünglingin* ihren sprachlichen Ausdruck. Gretes Umzug nach Berlin im Jahre 1910 hat Trakl als schmerzlichen Verlust empfunden, als Zerreißen dieser Einheit. Seine Schwester wird, mit den Worten von *De profundis* gesprochen, zur *Waise*, die den physischen Tod erleidet. Gleichzeitig wird aber die Beziehung als mit Schuld beladen, als Sünde gesehen. Die Doppelnatur des Dornbuschs bringt dies zum Ausdruck: Verheißung und Nähe zu Gott (der brennende Dornbusch, in dem sich Gott offenbart) und die Dornen als Symbol für Sünde und Bestrafung (siehe das Zitat aus dem Buch Hiob). Entscheidend ist aber, dass es in *De profundis* keine Hoffnung auf Erlösung gibt. Der Ruf nach Gott aus der Tiefe bleibt unerhört, der Himmel bleibt verschlossen. Aus dem Licht Gottes („Es werde Licht"; Genesis 1, 3) ist Dunkelheit geworden, ein *Licht, das in meinem Mund erlöscht*.

2.3 Interpretationen

Der Gewitterabend

O die roten Abendstunden!
Flimmernd schwankt am offenen Fenster
Weinlaub wirr ins Blau gewunden,
Drinnen nisten Angstgespenster.

5 *Staub tanzt im Gestank der Gossen,*
Klirrend stößt der Wind in Scheiben.
Einen Zug von wilden Rossen
Blitze grelle Wolken treiben.

Laut zerspringt der Weiherspiegel.
10 *Möven schrein am Fensterrahmen.*
Feuerreiter sprengt vom Hügel
Und zerschellt im Tann zu Flammen.

Kranke kreischen im Spitale.
Bläulich schwirrt der Nacht Gefieder.
15 *Glitzernd braust mit einem Male*
Regen auf die Dächer nieder. [118]

In einem Brief vom Juli 1910 an seinen Freund Erhard Busch-
beck schreibt Georg Trakl u. a.: „Gestern hat mir Herr Ullmann
ein Gedicht vorgelesen, vorher des längeren ausgeführt, daß seine
Sachen den meinigen verwandt wären, etc. und siehe da, was zum
Vorschein kam hatte mehr als Verwandtschaft mit einem meiner
Gedichte ‚Der Gewitterabend'. Nicht nur, daß einzelne Bilder und
Redewendungen beinahe wörtlich übernommen wurden (…), voll-

———

118 TRA, S. 17 f.

kommen gleich meine bildhafte Manier, die in vier Strophenzeilen vier einzelne Bildteile zu einem einzigen Eindruck zusammenschmiedet (…).“ [119] Abschriften des Gedichts *Der Gewitterabend* hatte Trakl Ludwig Ullmann, einem Bekannten Buschbecks, zur Verfügung gestellt. Am Ende seines Briefes bittet er Buschbeck nachdrücklich, die Abschriften an sich zu nehmen.

Das Gedicht ist 1910 entstanden und hat in die Sammlung *Gedichte* Aufnahme gefunden. Es hat vier Strophen, jede Strophe hat vier Zeilen, jede Zeile weist vier Trochäen auf. Innerhalb dieser durchaus konventionell zu nennenden Kompositionsstruktur bebildert Trakl einerseits den Prozess eines sich entwickelnden Gewitters vom aufkommenden *Wind* über die Entladung von Blitz und Donner bis zum Regen, andererseits schildert er das Gewitter auch als Gefühlsereignis, das auf die Menschen einwirkt. Die Entfaltung des Gewitters wird über Bewegungsverben von der ersten bis zur vierten Strophe transportiert (*schwanken, tanzen, stoßen, treiben, sprengen, schwirren, brausen*), die Beziehung zwischen dem Gewitter und der menschlichen Empfindung wird in der ersten Strophe über das Fenstermotiv (draußen – drinnen) vermittelt.

Das Gedicht beginnt mit einem Ausruf, der die Zeit angibt (*Abend*), die Farbgebung des Himmels erwähnt (*rot*) und einen Gefühlsausdruck vermittelt, der aber noch neutral, weder deutlich positiv noch negativ zu nennen ist, am ehesten noch Erstaunen über das Naturschauspiel signalisiert. Das Gewitter kündigt sich mit aufkommendem Wind an, der das *Weinlaub* schwanken lässt. Das geöffnete Fenster ermöglicht einerseits den Blick in die Außenwelt (Naturelemente), andererseits den Blick nach Innen (die *Angstgespenster* als Empfindungen der/des Menschen im Innenraum). Innerhalb von nur drei Zeilen wird also die Eingangsstim-

Naturvorgang und Gefühlserlebnis

Fenstersymbolik

— — —

119 Zitiert nach Kemper/Max, S. 219 f.

2.3 Interpretationen

mung (1. Verszeile) auf ein Angstgefühl zugeführt. Das Verb *nisten*
deutet dabei auf eine nicht plötzlich aufkommende, sondern tief
verankerte Angst hin, die eben eingenistet ist und durch das her-
aufziehende Gewitter ausgelöst wird.

Die zweite Strophe greift zunächst das Naturelement *Wind* (personifiziert durch das Verb tanzen) auf, dessen Intensität verstärkt
wird. Der *Wind* wirbelt *Staub* auf und lässt die Fensterscheiben erzittern, was durch das Verb *klirren* hörbar gemacht wird. Die Verse
3 und 4 der zweiten Strophe fassen Himmelserscheinungen in ein
anschauliches Bild. Blitze tauchen den Himmel und die Wolken in
ein grelles Licht, wie ein *Zug von wilden Rossen* ziehen die Wolken
am Himmel vorbei. Die Dynamik des Naturereignisses wird durch
Farbgebung – vom ROT der ersten Strophe ins grelle Licht der
zweiten Strophe – ebenso gesteigert wie durch die Verben (*tanzen – stoßen – treiben*).

In der dritten Strophe werden die Intensität und Dynamik noch   Dynamisierung
einmal gesteigert, und zugleich wird das Naturschauspiel akustisch und optisch erfahrbar gemacht. Dies geschieht durch die
parataktische Reihung von Bildern: Die Oberfläche eines *Weiher(s)*,
metaphorisch als *Spiegel* bezeichnet, zerspringt *laut*; ein Blitz, gekennzeichnet als *Feuerreiter*, der vom *Hügel sprengt*, schlägt in einem Waldstück ein. [120] Um das Ereignis zu veranschaulichen, setzt
Trakl das Stilmittel der Synästhesie ein: Der *Weiherspiegel* (Optik)
zerspringt laut (Akustik), der Feuerreiter (Optik) *zerschellt* (Akustik) zu Flammen. In die Darstellung von Blitz und Donner wird ein
weiteres Element geschoben, das in keinem unmittelbaren sach-
logischen Zusammenhang mit dem Gewitter steht: das *Schreien*
(Akustik) der *Möwen* am *Fensterrahmen* (Optik). Der *Fensterrahmen*

---

120 *Der Feuerreiter* ist der Titel eines frühen Gedichtes von Eduard Mörike (1804–1875); ob es sich
hier um eine bewusste Anspielung Trakls auf dieses Gedicht handelt, muss offen bleiben.

2.3   Interpretationen

taucht im zweiten Vers der dritten Strophe auf wie das Fenster in der zweiten Verszeile der ersten Strophe und die Scheiben im zweiten Vers der zweiten Strophe erscheinen (die drei Lokaladverbialen stehen zudem jeweils am Ende der Verszeile). Das Schreien der *Möwen* knüpft an das in der ersten Strophe eingeführte Motiv der Angst an (auch verbunden durch das Verb *nisten*) und steigert es (Angstschreie).

Das Angstmotiv

Das Angstmotiv wird im ersten Vers der vierten Strophe vollends zum Höhepunkt geführt: *Kranke kreischen*. Sowohl die Alliteration als auch der Klang des Wortes *kreischen* selbst, der eher als unangenehm empfunden werden kann, und die Intensität des Vorgangs (*kreischen* als besonders schrilles und lautes Schreien) tragen zu dieser abermaligen Steigerung bei. Unmittelbar nach diesem Höhepunkt tritt eine Beruhigung ein: *Bläulich schwirrt der Nacht Gefieder*. Der Farbton blau aus der ersten Strophe wird aufgegriffen – ist er dort mit dem sich allmählich aufbauen Gewitter verbunden, steht er nun im Zusammenhang mit dem Abklingen des Gewitters. Das Verb *schwirren* kann (in Verbindung mit der *Nacht Gefieder*) in Beziehung zu den *Möwen* (Strophe 3) gesetzt werden, die nun ihren Flug wieder aufnehmen. Das Gewitter entlädt sich in einem Regen, dem aber durch das Adverb *glitzernd* (*Glitzernd braust ...*) nicht nur das Bedrohliche genommen wird, sondern sogar etwas Ästhetisches, Prachtvolles (Geschmeide und Edelsteine glitzern) zugeordnet wird.

Trakl gelingt es hier, die Dynamik eines Geschehens in der äußeren Welt (Gewitter) mit der Dynamik eines inneren Geschehens (in der Seele der Menschen) zu verbinden, also über ein reines Abbild eines Naturereignisses hinauszugehen. Dabei bauen sich, wie in dem Brief an Buschbeck angemerkt, die Bilder der einzelnen Verse jeweils zu einem Eindruck auf, und die Strophen wiederum fügen alle „Stationen" des Prozesses (vom ersten Aufkommen

des *Windes* bis zur Entladung des Gewitters und dem *Regen*) über
zahlreiche Verzahnungen zu einem komplexen Gesamtbild zusammen. Diese Verzahnungen erfolgen auf unterschiedlichen Ebenen:
durch die Bewegungsverben, durch das Fenstermotiv, durch das
Angstmotiv, durch die Farbgebung, durch Alliterationen und Lautkombinationen, wobei diese Elemente der zunächst starren Kompositionsstruktur zugleich eine innere Bewegungsdynamik verleihen. Das so entstehende Gesamtbild eines Gewitterabends geht
weit über die Addition der geschilderten Einzelereignisse und die
in den Zeilen hervorgerufenen Einzelbilder hinaus.

Die schöne Stadt

Alte Plätze sonnig schweigen.
Tief in Blau und Gold versponnen
Traumhaft hasten sanfte Nonnen
Unter schwüler Buchen Schweigen.

5   *Aus den braun erhellten Kirchen*
Schaun des Todes reine Bilder,
Großer Fürsten schöne Schilder.
Kronen schimmern in den Kirchen.

Rösser tauchen aus dem Brunnen.
10 *Blütenkrallen drohn aus Bäumen.*
Knaben spielen wirr von Träumen
Abends leise dort am Brunnen.

Mädchen stehen an den Toren,
Schauen scheu ins farbige Leben.
15 *Ihre feuchten Lippen beben*
Und sie warten an den Toren.

Zitternd flattern Glockenklänge,
Marschtakt hallt und Wacherufen.
Fremde lauschen auf den Stufen.
20 *Hoch im Blau sind Orgelklänge.*

Helle Instrumente singen.
Durch der Gärten Blätterrahmen
Schwirrt das Lachen schöner Damen.
Leise junge Mütter singen.

2.3   Interpretationen

25   *Heimlich haucht an blumigen Fenstern*
     Duft von Weihrauch, Teer und Flieder.
     Silbern flimmern müde Lider
     Durch die Blumen an den Fenstern. [121]

Die Stadt ist eines der bevorzugten Sujets der Dichtergeneration des Expressionismus, wobei die Gedichte zwischen hymnischer Begeisterung und Dämonisierung oszillieren. Die Gesamtheit des städtischen Lebens gerät ins Blickfeld der Autoren: Vermassung und Einsamkeit, Verkehr und Technik, Theater, Cafés und Kinos, Elektrizität, Autos, Omnibusse, Proletarierelend und Prostitution, Gewalt und Triebhaftigkeit, Fabrik und Maschinenwelt, Ich- und Transzendenzverlust. Im Werk Georg Trakls spielt das Thema „Stadt" eine eher untergeordnete Rolle, wobei im Gedicht *Vorstadt im Föhn*, vor allem aber in *An die Verstummten* eine deutlich negative Sicht auf die Stadt festzustellen ist (*O, der Wahnsinn der großen Stadt*, lautet der Beginn des ersten Verses von *An die Verstummten.* [122]). Von einer solchen negativen Sicht auf die Stadt ist im Gedicht *Die schöne Stadt*, erschienen in der Sammlung *Gedichte*, so gut wie nichts zu spüren. Der hier vermittelte Eindruck einer Stadt ist vielmehr durch idyllische Bilder geprägt, in ein verklärtes Licht und durch Töne in wohlige Klänge getaucht.

Thema „Stadt"

Das Gedicht besteht aus sieben vierzeiligen Strophen mit umarmendem Reim und durchgängig vierhebigem Trochäus. Eine Besonderheit besteht darin, dass in den Strophen die Reimworte der ersten Zeile in der letzten Zeile wiederholt werden. Dadurch entsteht der Eindruck von sieben Stationen, von sieben Einzelbildern,

---

121 TRA, S. 15 f.
122 Siehe TRA, S. 69

die in ihrer Gesamtheit das Stadtbild aufbauen. Diese Stationen sind *alte Plätze* (1), *Kirchen* bzw. *Kirchenstufen* (2 und 5), *Brunnen* (3), *Tore* (4), *Gärten* (6) und *Häuser* (7). Akustisch wird zudem, über einen *Marschtakt* und *Wacherufen*, in der fünften Strophe die Anwesenheit von Militär vermittelt, in der Stadt scheint sich also ein Garnisonsstandort zu befinden. Alle Orte werden übrigens – mit Ausnahme des *Brunnens* in Strophe drei – im Plural genannt (*Plätze, Kirchen, Tore, Kirchenstufen, Gärten, Fenster*). Auch Menschen kommen nur im Plural vor: *Nonnen, Fürsten, Knaben, Fremde, Mädchen, Damen, Mütter* und *Lider* (als Pars pro toto). Gleiches gilt – auch hier mit nur wenigen Ausnahmen (die *Stille*, der *Marschtakt* und das *Lachen*) – für die Naturelemente wie die *Buchen*, die *Blütenkrallen*, die *Bäume*, die *Blumen* und die erwähnten architektonischen Elemente, Details von Räumen, Klänge und Geräusche und sogar die Träume (als Beispiele sollen genannt werden *Bilder, Kronen, Glockenklänge, Wacherufe, Instrumente*). Dies ist einerseits dem Versmaß geschuldet, führt andererseits dazu, dass Nomen, die am Ende einer Verszeile stehen (was mit nur fünf Ausnahmen im gesamten Gedicht der Fall ist), durch die Pluralbildung zu einer weiblich-klingenden Kadenz führen (falls das Nomen nicht schon im Singular weiblich-klingend endet, wie etwa *Schweigen* oder *Brunnen*). Diese Pluralbildungen tragen somit zur Melodik des Gedichtes bei, das in allen Versen weich ausklingt.

Optik und Akustik

Die erste Strophe vermittelt ein optisches und akustisches Bild von alten Plätzen. Hier herrscht Stille vor. Die *Plätze* sind in die Farbtöne GOLD und BLAU *versponnen*, was den Eindruck erweckt, das Leben auf ihnen habe sich seit vielen Jahren nicht geändert. Eine wärmende Sonne bescheint diese Plätze, auf denen Bäume stehen (*Buchen*). Sowohl die *Plätze* als auch die *Buchen* werden personifiziert. Der erste Eindruck, die Stille der Plätze, wird in einer Synästhesie vermittelt, indem das Schweigen der Plätze (Akustik) mit dem Licht der Sonne (Optik) über das Adverb *sonnig* verbunden wird. Die Verse drei und vier weisen Paradoxa auf, denn das Bewegungsverb *hasten*, das den *sanften Nonnen* zugeordnet ist, ist hier ebenso wenig zu erwarten wie das Adjektiv *schwül,* das in Verbindung mit den *Buchen* steht – *Schreiten* oder auch noch *eilen* als Bewegungsverb wären zu erwarten, *schattig* als Zuordnung zu den Buchen. Gleichzeitig wird das Motiv des Träumens eingeführt (*Traumhaft hasten sanfte ...*), das in der dritten Strophe noch einmal aufgenommen wird. Schon hier wird deutlich, dass es nicht um ein reines Abbild einer Stadt geht, wie um Salzburg, die Geburtsstadt Georg Trakls, sondern eher um ein in einem Klang- und Lichtkosmos aufgefangenes Stimmungsbild. [123] Dazu tragen in der ersten Strophe auch die Alliterationen *sonnig schweigen / tief – traumhaft / schwül – schweigen* sowie die zahlreichen dunklen Vokale *a, o, u* und die *au*-Laute bei.

Die zweite Strophe gewährt einen Einblick in das Innere von *Kirchen*, die *braun erhellt* sind. Dass dem dunklen Farbton BRAUN (der die farbliche Kennzeichnung des Kirchengestühls sein könnte) ein starker Helligkeitswert zugesprochen wird (*erhellt*), steht im Zusammenhang damit, dass in der zweiten Strophe dem Tod jegliches Bedrohliche genommen ist (*des Todes reine Bilder*). Die Harmonie der Stimmung wird durch das *Schimmern* von *Kronen* und die *schönen Schilder* unterstützt. Die *schöne Stadt* ist auch eine

Farben und Licht

---

123 Im Jahr 1908 schreibt Georg Trakl aus Wien an Maria Geipel in Salzburg über seine Heimatstadt: „Eine jede Zeile, jedes Blatt, das von Salzburg kommt, ist eine mir meinem Herzen teure Erinnerung an eine Stadt, die ich über alles liebe." Und weiter: „Das Glockenspiel spielt ‚die letzte Rose' in den ernsten und heiteren Abend hinein, so süß-bewegt, daß der Himmel sich ins Unendliche wölbt! Und der Brunnen singt so melodisch hin über den Residenzplatz, und der Dom wirft majestätische Schatten. Und die Stille steigt und geht über die Plätze und Straßen." (zitiert nach Kemper/Max, S. 215) Man wird unschwer die Parallelen zwischen den im Brief genannten und den im Gedicht auftauchenden Orten, Plätzen und Stimmungen erkennen (auch im Brief steht der Brunnen übrigens im Singular).

Stadt vergangener Zeiten, an die die *Große(n) Fürsten* erinnern, die in den Kirchen bestattet sind. Das Motiv des Stillstands (siehe I/1) wird aufgebaut, wobei Stillstand hier als positiv gemeinter Kontrast zur Hektik und Dynamik der Metropolen zu verstehen ist. Die Melodik der Strophe wird wesentlich durch die *sch*-Laute bestimmt (*schaun*, *Schilder*, *schimmern*).

Die dritte Strophe beginnt mit zwei Hauptsätzen, die parallel gebaut sind. Der erste Satz handelt von *Rösser(n)*, die aus einem Brunnen (auf-)*tauchen*. [124] Am *Brunnen* sind Blumen gruppiert, deren *Blütenkrallen droh(e)n*. Die Verse drei und vier sind über ein Enjambement verbunden und führen das Traummotiv fort: Am *Brunnen spielen Knaben wirr von Träumen*. Akustische Elemente werden insofern aufgegriffen, als die *Knaben leise* spielen (auch dadurch entsteht ein Bezug zur ersten Strophe). Irritierend erscheint das Bild im zweiten Vers: *Blütenkrallen*, die *drohn* – dies lässt an Raubkatzen denken. Auch in dieser Strophe verwendet Trakl Alliteration (*Brunnen*, *Blütenkrallen*, *Bäumen* sowie einige dunkle Vokale und Umlaute).

In der vierten Strophe werden Mädchen *an Toren* erwähnt, die ins *farbige Leben schauen* (also in das Spiel von Licht und Schatten, in die farbig-bunte Welt der Stadt) und *warten*. Die vierte Strophe ist, wie die erste, von Paradoxien gekennzeichnet. Einerseits schauen die wartenden Mädchen *scheu*, andererseits wird betont, dass ihre *feuchten Lippen beben*. In Verbindung mit der Torsymbo-

---

124 Sollte mit der Stadt Salzburg gemeint sein, könnte es sich um die sogen. „Pferdeschwemme" handeln. Die großzügige Brunnenanlage, 1639 errichtet und 1732 restauriert, am heutigen Herbert-von-Karajan-Platz gelegen (früher nach dem Erzbischof Sigismund Christian Graf Schrattenbach benannt), zeigt im Mittelpunkt die „Rossbändiger-Gruppe" mit Rössern, die sich aufbäumen.

lik (Eintritt in eine verborgene Welt) entstehen hier deutlich sexuell konnotierte Bezüge. [125]

In der fünften Strophen geraten Kirchentreppen ins Blickfeld, auf denen *Fremde* einer Mischung aus verschiedenen Klängen *lauschen*: *Glocken-* und *Orgelklänge* vermischen sich mit einem *Marschtakt* und *Wacherufen*. Die Fremden hören intensiv den Klängen zu (*lauschen*), die ihrerseits fein gesponnen sind: Die *Glockenklänge* werden belebt (sie *flattern zitternd*), der *Marschtakt* und die *Wacherufe* sind nur von Ferne zu hören (sie *hallen* in die Stadt), und die *Orgelklänge* sind im (*blauen*) Himmel verortet (das BLAU der ersten Strophe wird wieder aufgenommen). Als dominante Lautkombinationen treten die Vokale *a*, *o*, *u* und der Umlaut *ä* sowie der Diphthong *au* auf, die die Klangquellen lautlich hörbar machen.

Wie die fünfte Strophe entwickelt auch die sechste ein Klangbild, wobei die Klangfarbe wechselt. Statt der dunklen Töne in der 5. Strophe bestimmen nun helle Töne, getragen durch das *e*, das *i* und das *ei*, die Klangfarbe. Dieser neue Klang wird schon im ersten Vers veranschaulicht: *Helle Instrumente singen* (Personalisierung der Instrumente). Und auch die letzte Verszeile, die das Verb *singen* wieder aufgreift, unterstreicht diesen Klangeindruck. Das *Lachen schöner Damen* (dritter Vers) *schwirrt* durch Gärten – auch hier eine leichte Form der (Klang-)Bewegung mit aufgehelltem Ton.

Klänge

———

125 Die biografischen Aspekte aus dem Leben Trakls sollen hier nicht überdehnt werden, aber über Trakl und seine Salzburger Freunde schreibt Basil: „Man gefiel sich nicht nur in revoluzzerischen Redensarten und stieß den Philister, wann immer es möglich war, vor den Kopf, man besuchte auch ostentativ jene ‚Etablissements' – im damaligen Salzburg gab es deren zwei –, die der Bürger so gern im Clair obscure seiner Geschlechtsmoral läßt." (Basil, S. 53) Trakl soll schon als Schüler des Obergymnasiums regelmäßig bei den „Damen" in der Steingasse und der Judengasse, in denen die Bordelle lagen, Gast gewesen sein.

Verbindung von Sinneseindrücken

Die siebte Strophe verbindet visuelle, akustische und olfaktorische Eindrücke. Wie sich in der fünften Strophe Klangquellen zu einem Ton vermischen, so vermischen sich nun verschiedene Duftquellen (*Weihrauch, Teer und Flieder*) zu einem Duft, der belebt wird und durch die Alliteration (*heimlich haucht*) als zart (*hauchen*) gekennzeichnet ist. Die drei genannten Duftquellen, die für sich jeweils einen intensiven, teils gegensätzlichen *Duft* hervorrufen, amalgamieren hier zu einer als angenehm empfundenen Duftkomposition (es ergibt sich eine Parallele zu den verschmelzenden Tönen/Klängen in den Strophen vier und fünf). Durch die von *Blumen* umrankten *Fenster* blicken *Lider*, die als Pars pro toto für Menschen stehen. Die Blicke der Menschen sind durch einen gewissen Grad von Uneindeutigkeit gekennzeichnet, denn das Attribut *müde* steht klanglich und inhaltlich im Gegensatz zum Verb *flimmern*, das zudem durch das Farbadjektiv *silbern* (Adverb zu flimmern) lautlich und inhaltlich veredelt wird.

Bei einem ersten Blick auf das Gedicht könnte der Eindruck entstehen, hier ginge es um das Abbild einer *Stadt* mit ihren Plätzen, Häusern, Kirchen, Gärten und Brunnen, durch das uns ein Einheimischer – die Menschen auf den Kirchenstufen werden als *Fremde* bezeichnet – führt, um uns zu touristischen Attraktionen zu geleiten. Die Tiefenstruktur des Gedichtes offenbart aber etwas anderes: Es geht um Sinneseindrücke, die die einzelnen Strophen kunstvoll miteinander verschränken und ein Gesamtbild aus Klängen, Farben und Bewegungen aufbauen. In der ersten, dritten, fünften, sechsten und siebten Strophe werden akustische Eindrücke vermittelt: *Schweigen, leise, hallen, lauschen, Klänge, singen, hauchen* können hier als Beispiele genannt werden. In der zweiten, vierten und siebten Strophe werden visuelle Eindrücke vermittelt: *erhellte Kirchen, schaun, schimmern, schauen, farbiges Leben, blumige Fenster*. In der siebten Strophe fließen visuelle und akustische

Eindrücke zusammen. Durch den gesamten Text ziehen sich Bewegungsverben: *hasten*, *spielen*, *beben*, *flattern* (im Grunde auch marschieren im Wort *Marschtakt*), *schwirren*, *flimmern*.

Es geht in diesem Gedicht also nicht darum, etwas zu zeigen, sondern etwas sinnlich wahrzunehmen, wobei diese Wahrnehmung durch Leichtigkeit (*zittern*, *flattern*, *hallen*, *schwirren*, *hauchen*) und Helligkeit (*sonnig*, *erhellen*, *helle Instrumente*, *silbern flimmern*) geprägt ist und mehrfach an die Grenze zum Träumerischen kommt oder diese überschreitet (Strophen 1, 3, auch 7 – *silbern flimmern müde Lider*). Diese Sinnlichkeit, durchzogen auch von einem teilweise rückwärtsgewandten Blick in eine längst vergangene Epoche (die *Fürstengräber*, die *Kronen*), wird auf der Ebene der Klanggestaltung des Gedichtes selbst fühlbar gemacht und wird durch einige „Einsprengsel" (die *drohenden Blütenkrallen*, die *wirren Träume der Knaben*, das *Hasten der Nonnen*) andeutungsweise als gefährdet oder brüchig markiert.

Die „schöne Stadt" als Gegenbild

Trakl zeigt hier nicht den Moloch Großstadt, sondern ein „unzeitgemäßes Gegenbild". Diese *schöne Stadt* wird nicht vom Rhythmus der Maschinen bestimmt, sondern sie folgt noch einer ganz eigenen Melodie. Kein Arbeiter taucht bei den genannten Menschengruppen auf, kein Fahrzeug bewegt sich durch diese Stadt, kein Kino, kein Café, keine Leuchtreklame, keine Mietskasernen und keine Lautstärke scheint es hier zu geben. Die Metropolen Berlin und Wien mit ihren Millionenmassen werden in diesem Gegenbild hinterfragt, einem Gegenbild, das aus Klang, Farbe, Licht und Traum besteht.

2.3   Interpretationen

Grodek
(2. Fassung)

Am Abend tönen die herbstlichen Wälder
Von tödlichen Waffen, die goldnen Ebenen
Und blauen Seen, darüber die Sonne
Düstrer hinrollt; umfängt die Nacht
5 *Sterbende Krieger, die wilde Klage*
Ihrer zerbrochenen Münder.
Doch stille sammelt im Weidengrund
Rotes Gewölk, darin ein zürnender Gott wohnt
Das vergoßne Blut sich, mondne Kühle;
10 *Alle Straßen münden in schwarze Verwesung.*
Unter goldnem Gezweig der Nacht und Sternen
Es schwankt der Schwester Schatten durch den schweigenden Hain,
Zu grüßen die Geister der Helden, die blutenden Häupter;
Und leise tönen im Rohr die dunkeln Flöten des Herbstes.
15 *O stolzere Trauer! ihr ehernen Altäre*
Die heiße Flamme des Geistes nährt heute ein gewaltiger Schmerz,
Die ungebornen Enkel. [126]

Anfang Oktober 1914 schreibt Georg Trakl an Ludwig von Ficker:
„Wir haben vier Wochen anstrengendster Märsche durch ganz Galizien hinter uns. Seit zwei Tagen rasten wir in einer kleinen Stadt
Westgaliziens inmitten eines sanften und heiteren Hügellandes
und lassen es uns nach all' den großen Ereignissen der jüngsten

---

126 TRA, S. 94 f.; Trakl hat Ludwig von Ficker bei dessen Besuch am Krankenbett Trakls im Krakauer
Spital eine Fassung von *Grodek* vorgelesen; an dieser 1. Fassung, die schriftlich aber nicht erhalten ist, hat Trakl Veränderungen vorgenommen, die Ludwig von Ficker aus der Erinnerung
nicht mehr rekonstruieren konnte; die vorliegende 2. Fassung hat Georg Trakl Ludwig von Ficker
postalisch zugesandt. Angaben zur Fassung werden in der Werkausgabe bei der Zeilenzählung
nicht berücksichtigt.

Zeit in Frieden wohl sein. Morgen oder übermorgen marschieren wir weiter. Es scheint sich eine neue große Schlacht vorzubereiten. Wolle der Himmel uns diesmal gnädig sein."[127] Der 1. Weltkrieg hat Georg Trakl eingeholt, der seit dem 24. August als Medikamentenakzessist mit einer Innsbrucker Sanitätskolonne dem Feldspital 7/14 zugeteilt ist und sich im Rang eines Sanitätsoffiziers an der Front in Galizien aufhält. Dort nimmt er, nur wenige Tage nach seinem Schreiben an Ludwig von Ficker, an der Schlacht von Grodek (Ost-Galizien, heute der Ukraine zugehörig) teil, in der russische und kaiserlich österreichisch-ungarische Einheiten in grausamen und blutigen Auseinandersetzungen aufeinandertreffen. Die Hoffnung Georg Trakls, die er in seinem Brief an Ludwig von Ficker äußert, der Himmel möge gnädig sein, erfüllt sich nicht. Die kaiserlichen Truppen sind der russischen Armee völlig unterlegen. Ein Gemetzel entwickelt sich. Und inmitten dieses Gemetzels muss Georg Trakl, nahezu auf sich allein gestellt und unzureichend mit medizinischem Material ausgestattet, über 90 Verwundete versorgen. Die Erlebnisse der Schlacht und die Unmöglichkeit, wirklich Hilfe leisten zu können, lösen ein Trauma bei Trakl aus, der auf dem Rückzug von Grodek einen Selbstmordversuch unternimmt. Dieser Selbstmordversuch wird aber von Kameraden verhindert. Zur Untersuchung seines Geisteszustandes wird Trakl in die Psychiatrische Abteilung des Krakauer Garnisonskrankenhauses eingewiesen. Von dort aus schreibt er am 12. Oktober an Ludwig von Ficker: „Verehrter Freund! Ich bin seit fünf Tagen hier im Garns. Spital zur Beobachtung meines Geisteszustandes. Meine Gesundheit ist wohl recht angegriffen und ich verfalle recht oft in eine unsägliche Traurigkeit."[128] Am 25. und 26. Oktober besucht

Trakls traumatische Kriegserlebnisse

127 Zitiert nach Max/Kemper, S. 248
128 Zitiert nach Max/Kemper, S. 249f. (Garns. Spital = Garnisonskrankenhaus)

von Ficker Trakl im Krankenhaus, am 27. Oktober schickt Georg Trakl postalisch zwei Gedichte an den bereits wieder abgereisten Freund; es sind die Gedichte *Klage* und *Grodek*, seine letzten beiden Werke. In seinem Brief aus dem Krakauer Spital schreibt Georg Trakl einleitend: „Anbei übersende ich Ihnen die Abschriften der beiden Gedichte, die ich Ihnen versprochen. Seit Ihrem Besuch im Spital ist mir doppelt traurig zu Mute. Ich fühle mich schon fast jenseits der Welt." [129] Nur wenige Tage nach diesem Schreiben, am 3. November 1914, bringt sich Georg Trakl mit einer Überdosis Kokain, die zu einer Herzlähmung führt, selbst um. Die in dem Prosatext *Offenbarung und Untergang* formulierten Selbstmordgedanken sind zur Wirklichkeit geworden: „Aber da ich den Felsenpfad hinabstieg, ergriff mich der Wahnsinn und ich schrie laut in der Nacht; und da ich mit silbernen Fingern mich über die schweigenden Wasser bog, sah ich daß mich mein Antlitz verlassen. Und die weiße Stimme sprach zu mir: Töte dich! Seufzend erhob sich eines Knaben Schatten in mir und sah mich strahlend aus kristallnen Augen an, daß ich weinend unter den Bäumen hinsank, dem gewaltigen Sternengewölbe." [130] Die Gedichte *Klage* und *Grodek* werden (wie auch der Prosatext *Offenbarung und Untergang*) nach Georg Trakls Tod im *Brenner* veröffentlicht.

Aufbau   Das Gedicht *Grodek* besteht aus 17 unterschiedlich langen Zeilen; es verzichtet auf Stropheneinteilung, Reime und ein regelmäßiges Versmaß, ist also im freien Rhythmus gehalten. Eine erste Besonderheit besteht darin, dass – mit Ausnahme der Zeile 8 – alle Verszeilen mit einem Nomen enden, wodurch dieser Zeile eine Sonderstellung bekommt, die aber auch inhaltlich durch den Verweis auf einen *zürnende(n) Gott* besteht. Als zweite Be-

---

129 Zitiert nach Max/Kemper, S. 251
130 TRA, S. 96, Z. 59–66

sonderheit sind einige syntaktische Strukturen und grammatische Beziehungen zu nennen, die sich einer logisch-kausalen Erklärung entziehen oder diese erschweren. Auch wenn das Gedicht auf formaler Ebene keine traditionellen Kompositionsmuster enthält (Stropheneinteilung, Reime), so ist doch, und dies ist die dritte Besonderheit, eine Struktur erkennbar, denn das Gedicht hat eine Mittelachse, nämlich die Verszeile *Alle Straßen münden in schwarze Verwesung*. Man kann, zumindest hilfsweise, die Verszeilen in Gruppen einteilen und so eine Binnenstruktur greifbar machen.

Das Gedicht beginnt, wie oft bei Trakl, mit dem Zeitverweis auf den *Abend* und einer Verortung des Geschilderten verbunden mit der Nennung der Jahreszeit (*herbstliche Wälder*, *Ebenen*, *Seen*). Diese Landschaftsskizze wird über die Farbgebung (*golden*, *blau*) visuell plastisch, zugleich aber hörbar gemacht: Die Landschaft ist angefüllt vom Klang der *tödlichen Waffen*, womit der Krieg als bestimmendes Element in die ersten Zeilen einbezogen wird. Über der Landschaft *rollt die Sonne düstrer hin*. Die Verbindung der Sonne mit dem Bewegungsverb *rollen* und dem in den Komparativ gesetzten Adverb *düster* verleiht dem Himmelskörper etwas Bedrohlich-Gewalttätiges: Die *Sonne* erhellt nicht die Landschaft, sondern sie zermalmt diese, wobei das Bewegungsverb *rollen* zugleich einen akustischen Eindruck erschafft (Rollgeräusch). In die Mitte des vierten Verses ist ein Semikolon gesetzt. Es beginnt ein neuer Satz, wobei sich durch die verwendete Inversion das Prädikat (*umfängt*), nur durch das Semikolon getrennt, an das der *Sonne* zugeordnete Bewegungsverb (*hin*)*rollen* anschließt und die erneute Zeitangabe (*die Nacht*), die hier Subjekt des Satzes ist, ans Ende der Zeile rückt. Die Nacht umfängt *sterbende Krieger*. Durch die Partizipverwendung wird der Vorgang des Sterbens betont; die *Krieger* sind bereits dem Tod geweiht, leben aber noch. Der Vorgang des Sterbens wird zusätzlich hervorgehoben durch eine

Zeit und Landschaft

2.3 Interpretationen

Die Krieger

bildhaft vermittelte Vorstellung ihrer Schmerzensschreie: *die wilde Klage ihrer zerbrochenen Münder*. Die *Krieger* befinden sich in einem Übergangsstadium vom Leben zum Tod: Ihr menschlicher Klagelaut entsteigt einem bereits vergegenständlichtem Körperteil, den *zerbrochenen Münder(n)*. (Das Attribut *zerbrochen* ordnen wir z. B. Porzellan oder Glas zu.) In nur sechs Versen gelingt Trakl die bildmächtige Vorstellung eines Kriegsgeschehens, das gewalttätig – akustisch erfassbar durch den Klang der Waffen – in die scheinbar idyllische Landschaft einbricht (*herbstliche Wälder*, *goldne Ebenen*, *blaue Seen*). Der panoramatische erste Eindruck (die Weite der Landschaft) wird auf einen schmalen Ausschnitt des menschlichen Körpers (den Mund) zugeführt, sozusagen durch einen „Zoomeffekt"; der Ton der Waffen wird mit den Klagelauten des Mundes verkoppelt (Ursache-Wirkung).

Die folgenden vier Zeilen (V. 7 – 10) können wiederum als Versgruppe gesehen werden. Erneut wird ein akustischer Eindruck vermittelt, der einen visuellen Hinweis hörbar macht. Das *Blut* der Sterbenden sammelt sich *stille* am Boden (*im Weidengrund*), wobei das *Blut* metaphorisch als *rotes Gewölk* bezeichnet wird; eine Flüssigkeit, hier Blut, geht in einen anderen Aggregatszustand über (Gas), verwandelt sich in rote Wolken, die zum Sitz eines *zürnende(n) Gott(es)* werden. Dem nachgeordnet wird die *mondne Kühle*. Die oben erwähnten syntaktisch-grammatikalischen Besonderheiten des Gedichts werden an diesen drei Versen deutlich. So fällt zunächst die großräumige Trennung des reflexiven *sich* vom zugehörigen Verb (*sammelt*) auf. Hier kann man aber noch eine kausale Zuordnung vornehmen. Dagegen ist der durch ein Komma abgetrennte und ans Ende der dritten Zeile dieser Versgruppe gesetzte Verweis auf die *mondne Kühle* grammatikalisch nicht mehr eindeutig zuzuordnen. Dieser Verweis hat elliptischen Charakter, ist jedenfalls an die vorangegangene Hypotaxe nicht angebunden. Diese grammatikalische Dekomposition erfolgt bei erkennbarer Entwicklung eines Zeitbogens, der sich von der 1. Verszeile (Abend, der aber noch Sonnenstrahlen aufweist) bis zu dieser Verszeile spannt (Die Nacht ist eingetreten, der Mond steht am Himmel). Ob dabei diese dreizeilige Versgruppe mit ihrer „zerbrochenen" Syntax auf grammatikalischer Ebene durch die Zerstörung von Kausalbeziehungen das versinnbildlichen soll, was als *Klage* den *zerbrochenen Münder(n)* der Sterbenden entsteigt, soll als Frage gestellt werden, muss jedoch unbeantwortet bleiben. Der vierte Vers des Abschnitts bildet die Mittelachse des Gedichts: *Alle Straßen münden in schwarze Verwesung.* Ort (*alle Straßen*) und Zeit (*Verwesung* als Prozess, nicht als Zustand) sind in dieser Zeile verbunden, gehen ineinander über, letztlich werden sie sogar aufgehoben, weisen auf einen Zustand jenseits der Realität des Jetzt und Hier. Der Satz kann als Resümee des bisher Gesagten aufgefasst werden: Am Ende des Krieges stehen Verwüstung und Verwesung; die Landschaft wird zerstört, die Sterbenden fallen der körperlichen Dekomposition (der *Verwesung*) anheim – insofern wird hier erneut auch ein Bezug zur grammatikalischen Dekomposition der vorangehenden Verse hergestellt. Der Satz kann aber auch weiter gefasst werden, nämlich als Bild für den unabwendbaren Prozess des menschlichen Lebens überhaupt, für die Bestimmung des Menschen (*Alle Straßen*) zum Tod, so wie es Luther in die Kirchenliedzeile gefasst hat: „Mitten wir im Leben sind / Mit dem Tod umfangen".[131] So gesehen, also über den Kontext im Gedicht hinausweisend, steht das Nomen *Verwesung* im Gesamtwerk Trakls neben Begriffen wie *Verfall* und *Untergang*.

Die Mittelachse

---

131 In Trakls Gedicht *umfängt* die Nacht die sterbenden Krieger. Die letzten Zeilen der ersten Strophe des Liedes von Luther lauten: „Uns reuet unsere Missetat / Die dich, Herr, erzürnet hat." Auch Trakl erwähnt den *zürnende(n) Gott*.

2.3   Interpretationen

Bis zur Mittelachse kann das Gedicht ohne größere Schwierigkeiten noch als Poetisierung des Kriegsgeschehens mit Abbildcharakter bezeichnet werden; das Sprachmaterial sperrt sich nicht gegen eine Entschlüsselung, der Ikonizitätsgrad der gewählten sprachlichen Zeichen (etwa der Metaphern *rollende Sonne* und *zerbrochene Münder*) ermöglicht noch eine erkennbare Beziehung zwischen Ausdruck und Inhalt des gewählten Zeichens. Dies ändert sich allerdings in den folgenden Versen bzw. Versgruppen, denn die Bilder entwickeln sich mehr und mehr zu Chiffren. Dies trifft bereits auf den Adverbialsatz (Lokaladverbiale) in Zeile 11 zu: *Unter goldnem Gezweig der Nacht und Sternen* (und dies nicht nur wegen des grammatikalischen Bruchs durch die Fallsetzung: *Sternen* statt der Sterne). Die Farbgebung *golden* aus der zweiten Zeile wird aufgegriffen; sie ist dort den *Ebenen* (der Landschaft als Schauplatz des Kriegsgeschehens) zugeordnet und kann in Beziehung zur *Sonne* gesetzt und damit als noch reales Abbild einer Abendlichtstimmung gesehen werden. Dies ist, wenn überhaupt, in der Zuordnung zur Nacht allerdings nur noch eingeschränkt möglich. Die Funktion der Farbgebung kann aber in der Kontrastbildung zum vorhergehenden Vers gesehen werden, zu der sich ein Widerspruch auftut: *schwarze Verwesung* – *unter goldnem Gezweig*. Eine Kontrastbildung entsteht ebenfalls, wenn man das *goldne Gezweig* in Beziehung zum *Weidengrund* setzt, der durch die Farbe ROT bestimmt wird (*Rotes Gewölk*). Die Vermutung, dass es hier bereits nicht mehr um metaphorische Abbildung geht, verstärkt sich durch die folgenden Verse (12 und 13):

> *Es schwankt der Schwester Schatten durch den*
>   *schweigenden Hain,*
> *Zu grüßen die Geister der Helden, die blutenden Häupter;*

Aufhebung des Abbildcharakters

Der 12. Vers wird durch die Alliteration lautlich bestimmt; inhaltlich öffnet sie das Tor zu einer Jenseits-Welt: Der *Schatten* der *Schwester* erscheint (den Verweis auf die Schwester mag man vor dem Hintergrund von Trakls Biografie sehen). Der *Schatten* verweist auf den Hades, in dem, der griechischen Mythologie nach, die Toten als *Schatten* existieren. Der *Hain* wird personifiziert und zugleich akustisch in Beziehung zum *Weidengrund* gesetzt (*stille sammelt sich – durch den schweigenden Hain*). Der 13. Vers (mit den Alliterationen *grüßen, Geister* und *Helden, Häupter*) führt das Bild eines Totenreichs zunächst weiter: Die Schwester *grüßt* die *Geister* der *Helden, die blutenden Häupter*. Die *sterbende(n) Krieger* sind zu *Helden* geworden, zu entmaterialisierten *Geister(n)*; an den Tod auf dem Schlachtfeld erinnern noch die *blutenden Häupter*, die man aber auch als Anspielung auf den Leidensweg Christi deuten kann, da sie an das Kirchenlied *O Haupt voll Blut und Wunden* erinnern (ins Deutsche übersetzt von Paul Gerhardt (1607–1676) und auf dem lateinischen Hymnus *Salve caput cruentatum* beruhend). Die *blutenden Häupter* sind in diesen Passagen das einzige Element, das an den ersten Teil des Gedichtes (bis zur Mittelachse) angebunden ist, da sie der Kriegsthematik zugeordnet werden können. Andererseits stehen sie aber bereits in einem Kontext (*Schatten, Geister, Helden*), der über das Abbildhafte einer realen Welt weit hinausweist, nämlich in eine Sphäre der Transzendenz, die sich über die schreckliche Wirklichkeit erhebt. Es entsteht eine Welt der Entrückung und Erlösung (das blutende Haupt Christi), die sich in einer zweiten Bildschicht des Gedichtes aufbaut. Diese zweite Bildschicht wird mit einer akustischen Vision fortgesetzt, die unmittelbar die Anfangszeilen des Gedichts aufgreift und sie transformiert. Dies wird besonders deutlich, wenn man die Verszeilen unmittelbar nacheinander betrachtet:

Transzendenz

2.3 Interpretationen

> *Am Abend tönen die herbstlichen Wälder*
> *Von tödlichen Waffen (...)* (V. 1 f.)

> *Und leise tönen im Rohr die dunkeln Flöten des Herbstes.* (V. 14)

Klangver-
änderungen

Als erstes kann man eine Veränderung der Lautstärke festhalten. Zu Beginn ist der herbstliche Wald angefüllt vom Lärm der Schlacht, vom Waffengeklirr, den Detonationen der Granaten. Nun aber kehrt Stille ein (*leise tönen*). Der Kakophonie der *Waffen* (später ergänzt um die Klagelaute der Sterbenden) steht nun die Euphonie der *Flöten* gegenüber, gekennzeichnet durch ihren *dunklen* (und wohl auch sanft zu nennenden) Klang. Verbunden werden die Zeilen somit durch eine inhaltliche Kontrastbildung, aber zugleich durch eine Parallele auf der Ebene ihres Klangs, denn sowohl zu Beginn als auch nun taucht jeweils zweimal der Umlaut *ö* auf (*tönen/tödlichen* – *tönen/Flöten*). Dadurch wird der inhaltliche Gegensatz verstärkt, denn das Verb *tönen* korrespondiert zu Beginn mit dem Attribut *tödlichen*, nun ist es aber auf die *Flöten* bezogen. Die *Flöte* ist ein Instrument, das in kulturell-religiösen und magisch-märchenhaften Zusammenhängen zu finden ist: Man denke an den Gott Pan, dem die Flöte als Instrument zugeordnet ist, oder auch an Mozarts *Zauberflöte* und etliche Hinweise auf die Flöte im Alten Testament, siehe z. B. Jeremia 48, 36. Das von Trakl hier eingesetzte Bild (der Wind, der durch das Schilfrohr streicht, das zum Instrument Flöte wird) erweist sich somit als eine komplexe Metapher mit großem Bedeutungsspielraum.

Der folgende Vers (15) besteht aus zwei Ellipsen, die mit dem Ausruf *O* eingeleitet werden:

O stolzere Trauer! ihr ehernen Altäre

Diese Zeile wirft, wie es die beiden folgenden Verse verstärkt tun, das Problem einer schlüssigen Interpretation auf. Hier ist nur noch eine Annäherung möglich. So wird (eventuell?) der Trauer, die aber kaum noch unmittelbar an die toten Soldaten gebunden ist, durch den Komparativ *stolzere* ein höherer Sinn gegeben, der zugleich durch den Verweis auf die *ehernen Altäre* in einem religiösen Zusammenhang gesehen werden kann. Im Judentum wurden auf dem „ehernen Altar" blutige (Tier-)Opfer dargebracht – so ließe sich durchaus eine Verbindung mit den *blutenden Häuptern* herstellen. Dieser Zusammenhang ist aber wohl nicht in einer religiösen Weihe der im Krieg dargebrachten Opfer zu sehen (und erst recht nicht als Rechtfertigungsfloskel für den Krieg), sondern eher als Hinweiszeichen auf eine Welt jenseits des Realen, auf einen Bezirk, der die Sphäre des Diesseits aufhebt.

An dieses Diesseits gebunden, aber schon auf diese andere Sphäre verweisend, ist die vorletzte Verszeile:

Die heiße Flamme des Geistes nährt heute ein gewaltiger Schmerz,

Dem Diesseits ist der Schmerz zugeordnet, dessen Bestimmungsattribut (*gewaltiger*) noch einmal auf das Ausgangsgeschehen (Gewalt des Krieges) und zugleich durch die Metapher *heiße Flamme des Geistes* bereits wieder auf eine andere Welt verweist, zu der der Schmerz ein Durchgangsstadium ist (*nährt heute*). Die vorletzte Verszeile bildet eine syntaktische Einheit (Hauptsatz); von diesem Satz durch ein Komma abgetrennt und deswegen diesem Satz nicht zuzuordnen, steht ohne grammatikalische Kausal-

2.3 Interpretationen

verbindung der letzte Vers des Gedichts, der die Gegenwart in die Zukunft überführt: [132]

Die ungebornen Enkel.

Deutungs-
probleme

Diese Verszeile legt zumindest zwei Deutungen nahe: Gemeint sein könnten die (noch nicht geborenen) *Enkel* der im Krieg Gefallenen – und tatsächlich ist ja auch eine ganze Generation junger Männer nicht aus dem 1. Weltkrieg zurückgekehrt. Eine zweite Ebene ergäbe sich, wenn man diesen Vers als Vision vom Untergang des gesamten Menschengeschlechts verstünde. (Ob der Tod des Kindes von Georg Trakls Schwester Grete in dieses Bild hineinspielt, kann nur vermutet werden.)

Letztlich aber, dies sei noch einmal betont, entziehen sich die letzten drei Verszeilen eindeutigen Bestimmungen. Es handelt sich um hochgradig chiffrierte Wortzeichen, Ausdruck und Inhalt des Ausdrucks sind durch eine Weite gekennzeichnet, die Leerstellen eröffnet. Eine Annäherung ist partiell im Kontext der zweiten Hälfte des Gedichts (nach der Mittelachse) insofern möglich, als der noch als Abbild zu entschlüsselnden Welt des 1. Teils eine Gegenwelt an die Seite gestellt wird. Diese ist durch religiöse Bezüge, visionäre Verklärungen und eine Sphäre des Unbestimmten-Transzendentalen gekennzeichnet und transformiert die Gewalt des Krieges in eine Welt des Geistes und der Stille.

Georg Trakl vermeidet in *Grodek* einen schrillen Anti-Kriegston; vielleicht aber wirkt dieses Gedicht gerade deshalb umso eindringlicher und nachhaltiger als Anti-Kriegs-Gedicht, weil es Politisch-

---

[132] Es sei denn, man beachtet das Komma nicht und liest die beiden Verszeilen in etwa so: Die heiße Flamme des Geistes nährt heute ein gewaltiger Schmerz, der Schmerz über die ungeborenen Enkel.

Parolenhaftes meidet und den *tödlichen Waffen*, dem *Schmerz* und der *Trauer* die Vision einer Welt gegenüberstellt, die nicht durch Heilsprophezeiungen gekennzeichnet ist oder Erlösung verspricht (wie es etwa in der barocken Lyrik der Fall ist), sondern eine Welt der Ästhetik und des schönen Klangs, die ihren „Sinn" in sich selbst hat.

2.3   Interpretationen

Im Winter

Der Acker leuchtet weiß und kalt.
Der Himmel ist einsam und ungeheuer.
Dohlen kreisen über dem Weiher
Und Jäger steigen nieder vom Wald.

5   *Ein Schweigen in schwarzen Wipfeln wohnt.*
Ein Feuerschein huscht aus den Hütten.
Bisweilen schellt sehr fern ein Schlitten
Und langsam steigt der graue Mond.

Ein Wild verblutet sanft am Rain
10   *Und Raben plätschern in blutigen Gossen.*
Das Rohr bebt gelb und aufgeschossen.
Frost, Rauch, ein Schritt im leeren Hain. [133]

Georg Trakls Gedicht *Im Winter*, erschienen in der Sammlung
Gedichte, besteht aus drei Strophen mit jeweils vier Zeilen, von
denen jede ein Bild vermittelt. Mithin ist es, in den Worten Georg
Trakls selbst, in jener „bildhafte(n) Manier" verfasst, „die in vier
Strophenzeilen vier einzelne Bildteile zu einem einzigen Eindruck

Reihungsstil   zusammenschmiedet." [134] Dieser Reihungsstil kann als typisches
Stilelement des Frühexpressionismus gelten, denn „Tatsache ist,
daß in den Jahren 1910/1911 plötzlich mehrere Autoren (nicht nur
Trakl, van Hoddis, Lichtenstein, sondern auch Ernst Blass, Paul
Boldt, Johannes R. Becher, Max Herrmann-Neiße u. a.) Gedichte
schaffen, die nach dem gleichen Konstruktionsprinzip gefertigt

---

133 TRA, S. 23 f.
134 Brief Georg Trakls an E. Buschbeck aus dem Jahre 1910, zitiert nach Kemper/Max, S. 220

sind: Es geht um die bedrängende Simultaneität verschiedener Wahrnehmungen, die in eine Folge unzusammenhängender Bilder gepreßt wird."[135] Diese Addition einzelner Eindrücke entwickelt sich zum Zeilenstil, wenn die Verszeile (das Bild) als syntaktische Einheit (Satz) gestaltet ist, wodurch Enjambements vermieden werden.

Gieses oben zitierte Einschätzung, die durch den Reihungsstil entstehende Folge von Einzelbildern weise keinen Zusammenhang auf, ist allerdings in Bezug auf Georg Trakls *Im Winter* zu relativieren, denn, das wird zu zeigen sein, die Addition der Einzelbilder fügt sich zu einem Gesamteindruck, der durch textinterne Quer- und Längsbeziehungen der verschiedenen gestalterischen Ebenen des Gedichts aufgebaut wird und als gemeinsame Tendenz auf die Vermittlung des Eindrucks von Kälte und Verlassenheit zustrebt. Die durch die Technik der Addition zunächst auseinanderstrebenden Einzelbilder, werden also durch semantische, stilistische und lautliche Kompositionselemente verklammert und in einer gegenläufigen Bewegung zu einem Gesamtgefüge vernetzt. *Im Winter* beginnt mit dem Vers:

Der Acker leuchtet weiß und kalt.

Mit diesem ersten Vers wird die jahreszeitliche Zuordnung (auf die der Titel verweist) markiert. Der (dunkle) *Acker* ist von einer Schneeschicht überdeckt (*weiß*) und kalt, wobei bereits die Temperaturangabe (*kalt*) im Zusammenhang mit dem Verb *leuchten* als unpassend, als Bruch erscheinen mag, denn wir ordnen dem Verb *leuchten* visuelle Eindrücke zu (Helligkeitswerte, Farben), nicht aber Temperaturwerte. Dieses unstimmige Bild (Katachrese)

---

135 Giese, S. 179

führt aber, in Kombination mit dem Metrum, das *weiß* und *kalt* betont, dazu, dass die Temperaturangabe (zudem das letzte Wort der Zeile) besonders unterstrichen wird. Das bestimmende Element, **Welt der Kälte** so legt es bereits die erste Verszeile nahe, ist das der Kälte. Hier scheint es nicht um eine zauberhafte Schneelandschaft zu gehen, eine weiß gepuderte Postkartenidylle, sondern eine Welt der Kühle. Dieser negative Ersteindruck wird im zweiten Vers ausgebaut. Über diese Landschaft spannt sich kein weiter und klarer Winterhimmel. Die Personifikation *einsam* gibt dieser Himmelswelt etwas Verlassenes, Verlorenes, das aber auch einen bedrohlichen, gefährlichen Zug aufweist (*ungeheuer*). Die *Dohlen* (der Gattung der Raben- und Krähenvögel zugehörig) setzen im dritten Vers der Farbe des Schnees das Schwarz ihres Gefieders gegenüber. Das Bewegungsverb *kreisen* erinnert an die Jagdweise von Raubvögeln, die, in der Luft kreisend, nach Beute Ausschau halten. Diese dritte Verszeile ist mit der vierten durch die Konjunktion *und* verbunden (beide Verse sind vollständige Hauptsätze). Der Blick fällt in der vierten Zeile auf eine Gruppe von Menschen (*Jäger*), gleichzeitig wird das Landschaftspanorama vervollständigt (*Wald*); da die Jäger *nieder steigen*, sich also talwärts bewegen, können wir uns nun die Elemente dieser Landschaft im Zusammenhang vorstellen, denn die vier additiv gereihten Einzelbilder lassen sich zu einem „einzigen Eindruck zusammenschmieden" (siehe das Trakl-Zitat oben): Wir sehen einen Landstrich vor uns ausgebreitet, der in einem Tal gelegen ist, Acker und Weiher aufweist und von einem bewaldeten Gebirgszug umgeben ist. Diese visuelle Vorstellung wird aber **Gesamtbild** durch ein dominantes „Gefühlsbild" ergänzt, das der Kälte. Das **ergibt sich aus** Gesamtbild baut sich durch wechselnde Perspektiven oder Blick-**Einzelbildern** richtungen auf: Der erste Blick gilt dem Boden (*Acker*), ist also nach unten gerichtet, der zweite Blick geht himmelwärts (*Himmel*), der dritte wiederum zum Boden (*Weiher*), wobei die kreisenden

Dohlen den Blick zunächst ans Oben binden. Die *Jäger* sind noch oberhalb des Tals – unsere Blickrichtung geht nach oben, folgt den Jägern aber nach unten (*steigen nieder*). In den zwei Versen wird also über die Bewegungsverben (*kreisen* und *niedersteigen*) unsere Blickrichtung von oben nach unten gezogen, wobei die *Dohlen* und die *Jäger* über das Suchen nach Beute verbunden sind.

Im ersten Vers der zweiten Strophe wird ein Naturelement der 1. Strophe (*Wald*) aufgegriffen, unser bisher rein visueller Eindruck wird durch einen akustischen Eindruck ergänzt: *Ein Schweigen in schwarzen Wipfeln wohnt.* Dieser Vers, der seinen Klang den beiden Alliterationen verdankt (*Schweigen, schwarzen / Wipfeln wohnt*), erinnert an die vierte Zeile der 1. Strophe von Matthias Claudius' *Abendlied*: *Der Wald steht schwarz und schweiget.* [136] Ist bei Claudius das Verb *schweigen* dem Subjekt des Satzes (*Wald*) prädikativ zugeordnet, wird es bei Trakl allerdings zum in die Spitzenstellung gebrachten Subjekt des Satzes und dadurch betont. Ist das Schweigen bei Claudius Teilelement einer Abendstimmung, erweckt das Prädikat *wohnt* in Trakls Verszeile den Eindruck eines dauerhaften Zustandes, der zumindest im *Winter* (wenn nicht darüber hinaus) anhält. Zudem steht das Sprachmaterial bei Claudius in einem völlig anderen, nämlich positiv besetzten Stimmungsbild: *goldne Sternlein prangen*, *der Himmel (ist) hell und klar*, *der weiße Nebel (steigt) wunderbar (auf)*.

Im zweiten Vers erfolgt erneut ein visueller Eindruck – ein *Feuerschein huscht aus den Hütten,* im dritten Vers dann wieder ein akustischer – wir hören aus der Ferne (*sehr fern*) das Geläut einer an einem Schlitten angebrachten Schelle. Die Menschen leben in beengten, geduckten Wohnstätten (*Hütten*). Neben den Jägern ist

---

136 Zitiert nach Franz Fassbinder (Hrsg.), *Spiegel der Seele. Zwei Jahrhunderte deutscher Dichtung*. Münster 1960, S. 16

2.3 Interpretationen

Dunkelheit

niemand zu sehen. Andere Menschen sind lediglich durch das Geläut der Schlitten akustisch präsent. Die Szenerie ist von Dunkelheit geprägt (nur durch den *Schein* eines *Feuers* beleuchtet). Dieser Eindruck verfestigt sich in der vierten Verszeile, wenn der *Mond* nicht als leuchtender Himmelskörper aufgeht, sondern mit dem Farbadjektiv *grau* als eher trist erscheint, zumal am Himmel noch nicht einmal Sterne zu sehen sind. (Bei Claudius wird den Sternen der Farbton *golden* zugeordnet.)

Struktur

Eine strukturelle Parallele lässt sich zur ersten Strophe feststellen. Wieder wechseln nämlich die Blickrichtungen. Im ersten Vers geht diesmal der Blick nach oben (die *Wipfel* der Bäume), gefolgt von einem Blick nach unten (die *Hütten* im Tal). In den Ausläufern des Tals (Blick in die Ferne) sind die *Schlitten* nur noch hörbar; aus der Tiefe des Tals folgen wir dem aufgehenden *Mond* wieder nach oben. Aber das Beziehungsgeflecht, das Trakl zwischen der ersten und zweiten Strophe aufbaut, geht über diese Komponente weit hinaus. Der letzte Vers der ersten und zweiten Strophe beginnt jeweils mit *und*, beide Verse weisen dasselbe Bewegungsverb auf (*steigen*), wobei aber die Bewegungsrichtung unterschiedlich ist (die *Jäger* steigen nach unten, der *Mond* steigt nach oben). Liest man diese beiden Zeilen als Doppelzeile, erkennt man einen Chiasmus – im vierten Vers der 1. Strophe steht das Subjekt (bei Vernachlässigung der Konjunktion) am Beginn des Satzes (*Jäger*), im vierten Vers der zweiten Strophe ist die Satzteilreihenfolge umgekehrt, das Subjekt (*Mond*) rückt ans Ende. Beide Strophen weisen ein Winterelement auf: die erste Strophe den Schnee über das Farbadjektiv *weiß*, die zweite Strophe über den *Schlitten*. Das Farbelement *schwarz* wird in der zweiten Strophe benannt, in der ersten ist es durch die *Dohlen* präsent. In beiden Strophen finden wir in jedem Vers mindestens einen *ei*-Laut (in I/3 sogar zwei): *weiß*, *einsam*, *kreisen*, *Weiher*, *steigen*, *Schweigen*, *Feuerschein*, *bis-*

weilen, *steigen*. Durch die Wiederholung des Wortes *steigen* in II/4 wird eine Reihung von *sch*-Lauten abgerundet, die in I/4 beginnt: *steigen*, *Schweigen*, *Feuerschein*, *huschen*, *schellt*, *Schlitten*. Und auch das *w* im Anlaut findet sich in beiden Strophen: *weiß*, *Weiher*, *Wald*, *Wipfeln*. Dem *Acker*, den Menschen bearbeiten, aus der 1. Strophe können die *Hütten*, in denen die Menschen leben, in der 2. Strophe zugeordnet werden, dem *Himmel* (in I/2) der *Mond* (in II/4), dem *Wald* (in I/4) die *Wipfel* der Bäume (in II/1). Dem *leuchtenden Acker* (in I/1) steht kontrastiv der *graue Mond* (in II/4) gegenüber, wie auch das langsame *Kreisen* (Bewegung) in Strophe 1 mit dem raschen *Huschen* (Bewegung) in 2 kontrastiert. Betrachtet man die beiden Strophen im Zusammenhang, so ergibt sich also in der Addition der Einzelbilder, unterfüttert durch die genannten Parallel- und Kontrastbildungen und die Wort- und Lautkombinationen, das Gesamtbild einer kalten Landschaft (I/1) in trübem Licht (II/4), bestimmt durch einen eher bedrohlichen Himmel (I/2) und geprägt durch eine Einsamkeit, durch die die *Jäger* wie verlorene Seelen ihren Weg suchen.

Die von der Jagd heimkehrenden *Jäger*, die ins Tal niedersteigen, können als Verweis auf Pieter Bruegels Bild *Jäger im Schnee* verstanden werden.[137] Auf diesem Bild sind am linken Bildrand drei dunkel gekleidete Jäger zu sehen, die, von einem Vorsprung aus, der mit Bäumen bestanden ist, in das tiefer liegende Tal hinabsteigen. Das Bild Bruegels besteht, wie das Gedicht Trakls, aus zahlreichen, detailliert ausgearbeiteten Einzelszenen, die sich durch die Kompositionsstruktur (Überschaubild mit Altan-

Bruegels Bild „Jäger im Schnee"

---

137 Pieter Bruegel (der Ältere) gilt als bedeutendster Maler der Niederlande im 16. Jahrhundert. Sein Bild *Jäger im Schnee* (Heimkehr der Jäger), entstanden 1556, hängt im Kunsthistorischen Museum in Wien und dürfte Trakl bekannt gewesen sein. Es ist ein Jahreszeitenbild (Teil eines Zyklus' über die Jahreszeiten), steht für die Monate Januar und Februar (den Winter) und ist das erste bedeutende europäische Großgemälde, das Schnee zeigt.

2.3 Interpretationen

Pieter Bruegel
d. Ä., Heimkehr
der Jäger, um
1525/30–1569
© akg-images/
Erich Lessing

Motiv: Die Jäger stehen erhöht, wir haben einen Überblick über die gesamte Landschaft), Kontrastbildungen (weiße Landschaft – dunkel gezeichnete Menschen) sowie Nah- und Fernsicht zu einem Gesamtbild zusammenfügen. Von den Einzelelementen des Bildes finden sich in Trakls Gedicht folgende wieder: die Gruppe der *Jäger*, das *Feuer* (ein entfachtes Feuer in einem Wirtshaus und ein brennender Kamin), über der Landschaft kreisende schwarze Vögel und zugefrorene *Weiher*, auf denen auch Kinder mit *Schlitten* zu sehen sind. Wie in Bruegels Bild ist auch die Landschaft bei Trakl in ein eher trübes Licht getaucht (bei Bruegel sind weder

2.3   Interpretationen

Sonne noch Mond zu sehen). Das Farbenspiel wird in Gedicht
(Strophe 1 und 2) und Bild durch das WEISS des Schnees und
dunkle Farbtöne bestimmt (die dunkel gekleideten Jäger, die dunklen Bäume, dunkel gezeichnete Menschen in Bruegels Bild).

Neben den Gemeinsamkeiten gibt es aber auch deutliche
Unterschiede, denn außer den Jägern tauchen in Trakls Gedicht
keine Menschen auf (der *Schlitten* ist über die Schelle nur hörbar,
die Fahrer selbst sind nicht zu sehen). Bruegel zeigt im Gegensatz
dazu aber eine von Menschen belebte Landschaft (auch wenn die
Menschen – mit Ausnahme der Jäger – im Verhältnis zur Landschaft
sehr klein gehalten sind). Wir sehen die Menschen, als Einzel-
figuren und in kleineren und größeren Gruppen, Alltagstätigkeiten
(z. B. eine Reisig holende Frau) und Freizeitbeschäftigungen (z. B.
Schlittschuh laufen) nachgehen. Es gibt eine Kirche, eine Mühle, ein
Gasthaus und etliche Bauernhäuser, sodass insgesamt der Eindruck
eines belebten Dorfes entsteht, wobei der Blick am hinteren linken
Bildrand sogar bis zu einer Stadt, die am Meer liegt, geöffnet wird.
Das Bild zeigt mit ungeheurem Detailreichtum – alle Figuren sind
in individuellen Haltungen dargestellt – und in seinen zahlreichen
Einzelszenen ein Panorama des (harten, von Arbeit bestimmten) All-
tags in einem ländlichen Raum. Trakl dagegen baut über die Natur-
landschaft der Einzelbilder in den Strophen 1 und 2 das dominante
Gefühl der Kälte, Einsamkeit und Verlassenheit auf und spitzt dieses
Gefühl in der dritten Strophe zu, deren Bilder teilweise nicht mehr
als Abbilder von Natur gesehen werden können.

Dies wird bereits in den ersten beiden Versen deutlich, wenn
von einem Wild gesprochen wird, das *sanft verblutet*, und von *Raben*, die in *blutigen Gossen plätschern*. Das bisherige Farbspektrum
wird über das Blut nun um die kräftige Farbe ROT ergänzt. Das
sanfte Verbluten des Wildes und das *Plätschern* der *Raben* (Bezug zu den *Dohlen* in Strophe 1) in Blut müssen irritieren, denn

dem Sterben des Tieres wird das Gewalttätige genommen (*sanft*), das Verb *plätschern* drückt Verspieltheit und Leichtigkeit aus. Die Lokaladverbiale *in blutigen Gossen* hat hyperbolischen Charakter, baut mit dem Plural die Vorstellung einer von Blut durchströmten Stadt auf. Der dritten Verszeile eignet durch das Verb *beben* etwas Gewaltvolles, so als würde die Erde erschüttert. Dem *Rohr* wird die Farbe GELB zugeordnet – eine weitere Ergänzung des Farbspektrums. Das Gedicht endet mit einer Ellipse. Im Gegensatz zu allen anderen Versen fehlt hier das Prädikat. Die Zeile besteht aus einer Dreiergruppe mit Klimax (*Frost, Rauch, ein Schritt im leeren Hain*). Elemente der vorherigen Strophen werden in der dritten Strophe aufgegriffen: Auf der Ebene der Lautung sind dies die *sch*-Laute (hier vertreten in den Worten *plätschern, aufgeschossen* und *Schritt*), auf der Ebene des Inhalts korrespondiert der *Frost* mit der Kälte (1. Strophe), der *Rauch* stellt einen Bezug zum *Feuerschein*

Loslösung vom Abbildhaften

her, der *Schritt* nimmt die Bewegung der heimkehrenden *Jäger* auf (2. Strophe), ist aber ein Schritt in einer *leeren* Landschaft. Kälte (*Frost*), Dunkelheit (*Rauch*) und Einsamkeit (*Schritt im leeren Hain*) sind sozusagen die Summe der additiv gefügten Bilder, die sich in der ersten und zweiten Strophe noch als Metaphern einer äußeren Welt verstehen lassen, in der letzten Strophe aber von dieser Abbildhaftigkeit deutlich lösen und zu Negativchiffren werden, die den Zustand der Welt bzw. die Weltauffassung des Sprechers repräsentieren. Letztlich werden sie zu Hinweiszeichen einer inneren Befindlichkeit, sodass das Gedicht *Im Winter* als Be-

Seelenlandschaft

schreibung einer Seelenlandschaft verstanden werden kann, die, gleich der äußeren Welt, erkaltet und erstarrt ist und für die es keine Hoffnung gibt, weder auf der Welt (*Vergebliche Hoffnung des Lebens* heißt es in *Sommersneige*) noch im Transzendentalen. [138]

———

138 *Sommersneige*, in: TRA, S. 75

Matthias Claudius, aus dessen *Abendlied* oben bereits zitiert worden ist, hält diese Hoffnung auf das Jenseits noch bereit, wenn es in der 6. Strophe heißt:

> *Und, wenn du uns genommen,*
> *laß uns in Himmel kommen,*
> *du unser Herr und unser Gott.* [139]

Der Himmel als möglicher Fluchtpunkt scheidet in Georg Trakls Gedicht aber aus, denn er ist *einsam und ungeheuer.*

---

[139] Zitiert nach Franz Fassbinder (Hrsg.), *Spiegel der Seele. Zwei Jahrhunderte deutscher Dichtung.* Münster 1960, S. 16

Kaspar Hauser Lied
Für Bessie Loos

Er wahrlich liebte die Sonne, die purpurn den Hügel hinabstieg,
Die Wege des Walds, den singenden Schwarzvogel
Und die Freude des Grüns.

Ernsthaft war sein Wohnen im Schatten des Baums
5 *Und rein sein Antlitz.*
Gott sprach eine sanfte Flamme zu seinem Herzen:
O Mensch!

Stille fand sein Schritt die Stadt am Abend;
Die dunkle Klage seines Munds:
10 *Ich will ein Reiter werden.*

Ihm aber folgte Busch und Tier,
Haus und Dämmergarten weißer Menschen
Und sein Mörder suchte nach ihm.

Frühling und Sommer und schön der Herbst
15 *Des Gerechten, sein leiser Schritt*
An den dunklen Zimmern Träumender hin.
Nachts blieb er mit seinem Stern allein;

Sah, daß Schnee fiel in kahles Gezweig
Und im dämmernden Hausflur den Schatten des Mörders.

20 *Silbern sank des Ungebornen Haupt hin.*[140]

Der Titel des Gedichts erweckt in doppelter Hinsicht Erwartungen, die (zunächst) nicht eingelöst werden. Die Bezeichnung *Lied* im Titel könnte uns nämlich vermuten lassen, dass es sich in formaler Hinsicht um ein sich reimendes Gedicht mit regelmäßigem Strophenbau handelt, das sich nicht notwendigerweise, aber doch potentiell auf Grund von Rhythmus und innerer Melodik zur Vertonung und zum Gesang eignet. Diese mögliche Erwartungshaltung wird enttäuscht. Zwar gibt es eine strophische Einteilung, aber die sieben Strophen, auf die sich die 20 Verszeilen verteilen, sind ebenso von unterschiedlicher Länge wie die Verszeilen selbst. Eine Reimstruktur und ein Versmaß fehlen. Somit ist das Gedicht in formaler Hinsicht nicht durch eine Harmonie im Aufbau geprägt, sondern steht durch seine formale Disharmonie eher im Gegensatz zur Bezeichnung *Lied*. Diese Bezeichnung, in Trakls lyrischem Werk häufig vorkommend, findet ihre Bestimmung also eher auf einer anderen Ebene, die darin zu sehen sein könnte, dass hier kein Bericht zu erwarten ist, sondern eine poetische Kommunikationssituation geschaffen wird, die durch den Gegensatz zwischen Bezeichnung (*Lied*) und Gestaltung (Disharmonie) als Signal für einen Verlust verstanden werden kann, nämlich den Verlust des Harmonischen auf ästhetischer Ebene und – im übertragenen Sinne – den Verlust des Harmonischen überhaupt (etwa in der Beziehung Mensch – Welt).

Formale
Disharmonie

---

140 TRA, S. 55 f. Zur Widmung: Mit Bessie Loos, ihrem Ehemann Alfred und Karl Kraus hatte Trakl im August 1913 eine Reise nach Venedig unternommen. Im November 1913 traf Trakl das Ehepaar Loos in Wien wieder. Auf Bitten von Alfred Loos hat Trakl die Widmung eingefügt („Loos bittet mich das Gedicht seiner Frau zu widmen. Also bitte diese Widmung anbringen: für Bessie Loos." Briefkarte an L. von Ficker vom 12. 11. 1913, zitiert nach Kemper, S. 98).

2.3 Interpretationen

Kaspar Hauser

Mit dem Rückgriff auf die Kaspar-Hauser-Gestalt werden vom Titel ebenfalls Erwartungen geweckt. In der Gestalt des Kaspar Hauser gerinnen Legenden, Erzählungen, wissenschaftliche und pseudowissenschaftliche Erklärungsversuche, historische Fakten und zu Fakten verklärte Mythen zu einem einzigen, bis heute letztlich ungeklärt gebliebenen und nicht schlüssig aufgelösten Rätsel. Die Inschrift des Grabsteins Kaspar Hausers auf dem Ansbacher Friedhof lautet (ins Deutsche übersetzt): „Hier liegt Kaspar Hauser, Rätsel seiner Zeit, unbekannt die Herkunft, geheimnisvoll der Tod 1833." Diese Aussage trifft, trotz einer Unzahl wissenschaftlicher, biographischer, literarischer und filmischer Auseinandersetzungen mit Kaspar Hauser und seinem Leben, im Kern bis heute zu.

Kaspar Hausers
Lebensgeschichte

Als Geburtsdatum Hausers wird allgemein der 30. April 1812 angenommen. Hauser taucht am 26. Mai 1828 gegen Nachmittag in Nürnberg auf. Der etwa sechzehnjährige Junge ist kaum der Sprache mächtig, hat aber einen Brief bei sich, der nur dunkel seine Herkunft beschreibt. Später wird er aussagen, nahezu von Geburt an, sein Leben nur bei Wasser und Brot in einer dunklen Höhle gefristet zu haben. Ungeklärt wie seine Herkunft und sein Leben bis zu seinem Auftauchen als Findelkind in Nürnberg sind bis heute auch die genauen Umstände seines Todes am 17. 12. 1833. Der Variante, er sei von einem Attentäter mit einem Messer niedergestochen worden, stehen Auffassungen gegenüber, Hauser habe sich in Selbstmordabsicht die Schnittverletzungen mit dem Messer selbst beigebracht.

Eine Zeit lang wurde angenommen, bei Hauser handele es sich um den Erbprinzen von Baden, den man aber nach der Geburt versteckt und gegen eine toten Säugling ausgetauscht habe, um so, also durch eine Hofintrige, einer Nebenlinie des Hauses Baden die Thronfolge zu ermöglichen – diese These gilt seit 1996 auf

Grund von Genanalysen allerdings als eher zweifelhaft, ist aber Grundlage für den Film *Kaspar Hauser* in der Regie von Peter Sehr aus dem Jahre 1993 geworden.[141]

Auch die mögliche Erwartung, das Gedicht thematisiere Herkunft und Lebensumstände Kaspar Hausers, wird, wenn überhaupt, nur eingeschränkt erfüllt. Von den bekannten und angenommenen Lebensumständen finden sich lediglich zwei im Gedicht: der Wunsch Kaspar Hausers, ein Reiter zu werden (wie er es auch bei seiner Auffindung geäußert haben soll) und die Ermordung des Findlings. Bereits die Ankunft Kaspar Hausers in der (namentlich nicht genannten) Stadt verlegt Georg Trakl vom Nachmittag in den Abend. Georg Trakls Gedicht gestaltet nicht die Biografie der historischen Figur, sondern vielmehr den Lebenslauf eines Menschen, der, voraussetzungslos eingeführt, in Harmonie mit der Natur lebt und in der versteinerten Stadt durch Mörderhand seinen Tod findet. Somit geht es nicht um die historische Gestalt Hausers, sondern um die dichterische Gestaltung (*Lied*) eines als schmerzlichen Verlust empfundenen Grundgefühls, das Gefühl der Entfremdung und Selbstentfremdung, für das die Hauser-Figur als Projektionsfläche dient. Ohne das Verständnis des Gedichts auf biografische Aspekte aus Trakls Leben verkürzen zu wollen, sei auf Trakls Brief aus dem Jahre 1912 verwiesen, in dem er aus Innsbruck an Erhard Buschbeck in Wien schreibt: „Ich hätte mir nie gedacht daß ich diese für sich schon schwere Zeit in der brutalsten und gemeinsten Stadt würde verleben müssen, die auf dieser beladenen u. verfluchten Welt existiert. Und wenn ich da-

Biografische Elemente in Trakls Gedicht

---

141 Unabhängig davon ist der mehrfach ausgezeichnete Film, der aus der Lebensgeschichte Hausers einen Kriminalfall macht, m. E. schon allein wegen der schauspielerischen Leistung von A. Eisermann, der den Kaspar Hauser spielt, sehenswert. Als weitere Verfilmung aus Deutschland ist Werner Herzogs Film aus dem Jahre 1974 zu nennen (Titel: *Jeder für sich und Gott gegen alle – Kaspar Hauser*).

zudenke, daß mich ein fremder Wille vielleicht ein Jahrzehnt hier leiden lassen wird, kann ich in einen Tränenkrampf trostlosester Hoffnungslosigkeit verfallen. Wozu die Plage. **Ich werde endlich doch immer ein armer Kaspar Hauser bleiben.**" [142]

Edition

Georg Trakls Gedicht erscheint erstmals in der Ausgabe der Zeitschrift *Brenner* vom 15.11.1913 und findet später Aufnahme in die Gedichtsammlung *Sebastian im Traum*, die zwar noch zu seinen Lebzeiten in Druck geht, deren Auslieferung sich aber wegen des Kriegsbeginns verzögert, sodass sie erst nach Trakls Tod erscheint. Georg Trakl hat sich intensiv mit dem Kaspar-Hauser-Stoff beschäftigt; der veröffentlichten Fassung des Gedichts gehen zahlreiche Umarbeitungen voraus, in denen er immer wieder einzelne Textstellen und Zeilen verändert hat. [143] Da die hier besprochene Fassung aber noch zu Lebzeiten Georg Trakls in die Sammlung *Sebastian im Traum* aufgenommen worden ist, kann angenommen werden, dass sie von Trakl autorisiert ist.

Die erste Versgruppe (1. Strophe) besteht aus einem Satz und führt Kaspar Hauser ohne Namensnennung durch das Personalpronomen *Er* ein; der Sprecher des Gedichts tritt als Berichtender auf, der durch das dem Personalpronomen und dem Verb *lieben* zugeschaltete Adjektiv *wahrlich* (*Er wahrlich liebte*) nicht nur die Absolutheit der Liebe betont, sondern zugleich einen religiösen Bezug und damit den Anspruch der Wahrhaftigkeit herstellt („Wahrlich ich sage euch" ist als Bekräftigungsformel häufig Bestandteil von Predigten Jesu, siehe etwa Johannes 13, 24). Die Liebe Kaspar Hausers richtet sich auf die Natur, die über fünf ein-

---

142 Zitiert nach Kemper/Max, S. 224 f. [Hervorhebung nicht im Original, BM]; Hinweis: seit April 1912 arbeitet Georg Trakl im Probedienst als Apotheker im Garnisonsspital Nr. 10 in Innsbruck; der Probedienst endet am 30. 9.; Trakl wird Militärmedikamentenbeamter.

143 Darauf wird aus Platzgründen nicht eingegangen; siehe hierzu ausführlich etwa Theo Buck, *Kaspar Hauser – Medium der Selbstbegegnung für Autor und Leser*. In: Kemper (Hrsg.), S. 97–99

zelne Elemente abgebildet wird: *die Sonne, den Hügel, die Wege des Walds, den singenden Schwarzvogel, die Freude des Grüns*. Die Reihung dieser Einzelelemente in einem Satzbogen unterstreicht die Symbiose zwischen Kaspar Hauser und der Natur als einer Ganzheit ebenso wie die gewählten Personifikationen (die hinabsteigende *Sonne, der singende Vogel, die Freude des Grüns*), die die Natur nahezu zu einem „vermenschlichten" Gegenüber Kaspar Hausers werden lassen.[144]

Symbiose zwischen Kaspar Hauser und der Natur

Die zweite Strophe ist in zwei Sätze geteilt. Der erste Satz führt die Reihe von Hinweisen über die Verbindung Kaspar Hausers mit der Natur fort: Der *Schatten des Baums* wird ihm zur Wohnstatt. Zugleich wird er aber als Person absoluter Unschuld, Reinheit und Würde gezeigt (*ernsthaft, rein sein Antlitz*), wobei besonders das Hochwertwort *Antlitz* als religiös konnotiert gelten kann, wird es in christlichen Texten häufig Jesus zugeordnet („Heiliges Antlitz, wir rufen zu dir solange, bis du uns erhörst, Heiliges Antlitz, von Wunden bedeckt"; siehe die Gebete zum Rosenkranz). Der religiöse Bezug wird im vierten Vers der zweiten Strophe verstärkt, wenn Gott sich unmittelbar an Kaspar Hauser mit dem Ausruf *O Mensch!* wendet. Hauser lebt in Einklang mit der Natur – mit der Schöpfung Gottes, und er trägt Gott im Herzen und wird von diesem als Teil der Schöpfung, als sein Werk angesprochen. Die Anrede *O Mensch* erinnert aber auch an den Choral aus Johann Sebastian Bachs *Matthäuspassion*, die das 26. und 27. Kapitel des Matthäus-Evangeliums zur Grundlage hat und die Leidensgeschichte Jesu thematisiert. Der Choral beginnt mit den Versen: „Oh Mensch, be-

Religiöse Bezüge

----

[144] Dass die von Georg Trakl gewählte Bezeichnung *Schwarzvogel* für die Amsel (= Schwarzdrossel, im Englischen blackbird) als Vorausdeutung kommenden Unheils und somit bereits als Eintrübung der positiven Grundstimmung der 1. Strophe verstanden werden kann, soll hier nicht unerwähnt bleiben. Über die Farbnennung ergeben sich Bezüge zu Strophe 2 (*Schatten*), zu Strophe 3 (*dunkle Klage*), zu Strophe 4 (*Dämmerung*), zu Strophe 5 (*dunkle Zimmer, Nacht*) und zu Strophe 6 (*Schatten*).

wein dein Sünde groß, darum Christus seines Vaters Schoß äußert und kam auf Erden (…).“ Die Anrede enthält somit (möglicherweise) ebenfalls bereits einen Hinweis auf eine kommende Leidensgeschichte. Wie Jesus (in den Zeilen des Chorals) in die Welt kommt, so kommt Hauser (in der dritten Strophe) in die Stadt.

In der dritten Strophe greift Georg Trakl nun Verssatzstücke der Biografie des historischen Kaspar Hauser auf: in die drei Verse der Strophe werden seine Ankunft in der *Stadt* (allerdings in den *Abend* verlegt), seine Kommunikationsversuche (Kontakt mit Menschen über die Sprache) und sein Wunsch, ein *Reiter* zu werden, gefasst. Der stille *Schritt* stellt noch eine Verbindung mit der (menschenleeren) Natur der ersten beiden Strophen her, das Sprechen ist aber schon als *dunkle Klage* gekennzeichnet, signalisiert also bereits einen Verlust, einen Schmerz, wobei die Dunkelheit der Klage einerseits im Kontrast zur *Sonne* in der 1. Strophe steht, zugleich aber farblich mit dem *Schwarzvogel* korrespondiert. Mit dem letzten Vers der dritten Strophe, der eine Aussage Kaspar Hausers in wörtlicher Rede wiedergibt, unterstreicht der Sprecher des Gedichts seine Rolle des Berichtenden, der – aus einer gewissen Distanz – die Geschehnisse vor uns ausbreitet. Diese Haltung wird auch durch das im Gedicht verwendete Präteritum unterstützt. Der Sprecher betont aber zugleich durch die Verwendung der 1. Person Singular die Individualität Kaspar Hausers, von dem ansonsten nur in der 3. Person Singular berichtet wird. Durch die wörtliche Rede, in der zudem ein Wunsch (Wille) Kaspar Hausers ausgesprochen wird, steht das kommunizierende Ich der schweigenden, nicht kommunizierenden menschlichen Umwelt gegenüber. Über die wörtliche Rede wird abermals eine Nähe Hausers zu Gott hergestellt, denn nur Gott (im letzten Vers der 2. Strophe) und Hauser (letzter Vers der 3. Strophe) sprechen in wörtlicher Rede, wohingegen die Menschen schweigen.

Konfrontation mit der Menschenwelt

2.3   Interpretationen

Die vierte Strophe steht zweifach zur dritten in Beziehung. Sie besteht ebenfalls aus drei Zeilen, und sie setzt die Begegnung Hausers mit der Welt der Stadt fort, wobei zugleich auf das Ende vorausgedeutet wird, indem das Wort *Mörder* auf die vorletzte und letzte Strophe verweist. Die vierte Strophe besteht aus zwei Hauptsätzen, die in syntaktischer Hinsicht zwei Lesarten ermöglichen. Syntaktisch ist eine Zuordnung der zweiten Zeile zur ersten und zur dritten möglich. Bei einer Zuordnung der zweiten Zeile zur ersten würde eine Ankoppelung von vier Subjekten (*Busch und Tier, Haus und Dämmergarten weißer Menschen*) an das Prädikat der ersten Zeile (*folgte*) aber zu einem inhaltlichen Bruch führen, da in diesem Fall sowohl Naturelemente als auch Stadtelemente (*Haus* und *Dämmergarten weißer Menschen)* als *Gefolge* Kaspar Hausers gesehen würden. Dieser Bruch entsteht nicht, wenn die zweite Zeile und die dritte Zeile als eine syntaktische Einheit betrachtet werden. In diesem Falle stehen sich Natur und Stadt (inkl. der Menschen) ebenso kontrastiv gegenüber wie die Verben *folgen* und *suchen*. Bei dieser Lesart stellt der erste Vers eine Verbindung zu der in den Strophen 1 und 2 betonten Symbiose zwischen Hauser und der Natur her und führt diese weiter. Wenn *Busch und Tier* als „Gefolge" Hausers erwähnt werden, so ruft das die Orpheus-Gestalt auf, denn Orpheus konnte, dem Mythos nach, die belebte und unbelebte Natur (wilde Tiere, Pflanzen, Felsen, das Meer) und selbst den Herrscher der Unterwelt durch seinen Gesang und sein Lyra-Spiel betören. Zugleich wird über die Orpheus-Figur eine Verbindung zum Titel hergestellt (*Lied*). Die Verse 2 und 3 der vierten Strophe stehen dem „Sänger", der mit der Natur verbunden ist, gegenüber. Der Bezirk des Menschlichen wird durch das *Haus* (steinern), den *Garten,* ein von Menschen geformtes Naturelement, das Bedrohung signalisiert (Dämmerung), die *weiße(n) Menschen* und den *Mörder* gekennzeichnet. Das den Menschen

Verschiedene Lesarten möglich

zugeordnete Farbadjektiv *weiß* signalisiert hier wohl nicht Unschuld und Reinheit, sondern ist eher als Verweis auf Kälte zu sehen: Textintern steht es in Beziehung zum *Schnee* in der vorletzten Strophe. Zudem ist der Blick Trakls auf die Menschen und die Stadt häufig negativ besetzt, so etwa wenn es in *Der Abend* heißt, dass in der Stadt *kalt und böse / Ein verwesend Geschlecht* wohnt oder wenn in *Traum und Umnachtung* das Gesicht der Mutter als *weiß* und *steinern* gekennzeichnet wird. [145] Durch die Inversion im ersten Vers der vierten Strophe kommt es, wenn man die zwei Sätze der vierten Strophe insgesamt betrachtet, zu einem Chiasmus (Objekt, Prädikat, Subjekt in der ersten Verszeile – Subjekt, Prädikat, Objekt in den folgenden zwei Versen), wodurch die Strophe mit *ihm* beginnt und endet, was den Kontrast zwischen Natur und Stadt/Mensch noch einmal betont: *Ihm* folgt die Natur, der Mörder (Mensch) sucht nach *ihm*. [146]

Inhaltliche Gliederungsstruktur

Schaut man auf das Gedicht bis hierhin im Zusammenhang, lässt sich eine Gliederungsstruktur inhaltlicher Art feststellen: Die Strophen 1 und 2 kennzeichnen Hauser nahezu expositorisch: Er lebt in der Nähe zur Natur und zu Gott. In den Strophen 3 und 4 wird der Weg Hausers in die Stadt und zu den Menschen gezeigt. Die positive Stimmung der ersten beiden Strophen wird ins Negative verschoben. Es entstehen Oppositionspaare: *Natur – Haus*, *Gott – weiße Menschen*, *Sonne – Dämmerung*, *singen – klagen*, *reines Antlitz – Mörder*.

Die fünfte Strophe schildert zunächst in Zeitraffung über die Nennung der Abfolge von Jahreszeiten das Leben Hausers unter den Menschen, wobei der Herbst, der durchaus ambivalenten Charakter haben kann, durch das Attribut *schön* ausdrücklich positiv

––– –––

145 TRA, S. 90; TRA, S. 83
146 In *Traum und Umnachtung* findet sich: *Feindliches folgte ihm durch finstere Gassen.* (TRA, S. 81)

konnotiert wird. Zudem wird Hauser erneut in Kontrast zu den Menschen gesetzt, indem er als *Gerechter* bezeichnet wird, wodurch eine Beziehung zur zweiten Strophe hergestellt wird (*Gott, reines Antlitz*) und Hauser abermals in einen religiösen Kontext gestellt wird (siehe etwa Prediger 7,15: „Da ist ein Gerechter und geht unter mit seiner Gerechtigkeit, und ein Gottloser, der lange lebt in seiner Bosheit"). Eine weitere Beziehung ergibt sich zur dritten Strophe über die Wiederholung des Lexems *Schritt* und die akustische Beschreibung der Gangart Hausers (*Stille fand sein Schritt, sein leiser Schritt*). Vom Haus der Menschen (4. Strophe) erfolgt nun ein Blick in das Innere der Häuser, in die *dunklen Zimmer*. Die *Dämmerung*, in der 4. Strophe den Gärten zugeordnet, hat sich zur Dunkelheit der Innenräume entwickelt. Die Menschen werden als *Träumende* bezeichnet, wobei offen bleibt, welcher Art diese Träume sind. Sieht man die Zimmer nicht lediglich als architektonisches Element, sondern als Symbolräume, die Inneres offenbaren, so eröffnet sich durch die Verkoppelung mit der Dunkelheit der Zimmer die Möglichkeit, hier von Seelenlandschaften zu sprechen: Die Träume wären dann eher von dunkler, schwarzer, bösartiger Natur.[147] Durch diese dunkle, gefahrvolle Welt, in der der Mörder bereits nach ihm sucht, schreitet der *Gerechte*, nicht ahnend, welches Schicksal ihn ereilen wird. Sein Raum ist die Natur, sein Gefährte in der Einsamkeit ist kein Mensch, sondern *sein Stern*, der über ihm und für ihn leuchtet und ihm den Weg durch die Dunkelheit weist (was an den Stern über der Geburtsstätte Christi erinnert). Die vierzeilige 5. Strophe endet mit einem Semikolon; dadurch wird der erste Vers der Folgestrophe, der auf das Subjekt verzichtet, unmittelbarer an den letzten Vers der 5. Strophe angeschlossen als bei der Trennung durch einen

---

147 Siehe etwa *Vorhölle: Träumend steigen und sinken im Dunkel / Verwesende Menschen* (TRA, S.73)

2.3 Interpretationen

Punkt (*Nachts blieb er mit seinem Stern allein; / Sah, daß Schnee fiel …*). Auf der Ebene der Zeitleiste knüpft die zweizeilige Strophe ebenfalls an die 5. Strophe an, denn der Jahreszyklus wird nun vollendet. Der Herbst ist in den Winter übergangen; der prächtigen Natur der 1. Strophe (*Freude des Grüns*) steht das *kahle Gezweig* gegenüber. Aus dem *Schatten des Baums* (2. Strophe) wird nun der *Schatten des Mörders*, die Weite der Natur (1. Strophe) verengt sich zum *Hausflur*, der über die *Dämmerung* wiederum auf die 4. Strophe verweist (Kontrast zur *Sonne* in der 1. Strophe).[148] Somit können die fünfte und sechste Strophe (wie die erste und zweite sowie dritte und vierte) wiederum als Strophengruppe gesehen werden. Hauser lebt unter den Menschen als Einsamer (5. Strophe), als Abgeschiedener; die Menschen aber trachten nach seinem Tod (6. Strophe).

Chiffrierte
Schilderung
des Todes

Die letzte Strophe besteht nur aus einer Zeile und schildert hochgradig chiffriert den Tod Hausers, was wesentlich dem Farbadjektiv *silbern* geschuldet ist.[149] Die Farbgebung *silbern* ist völlig deutungsoffen, löst das gewählte Sprachbild ab von dem zu erwartenden Farbadjektiv rot, das noch Bezüge zum Vorgang des Tötens der realen Hauser-Figur (Messerstiche) hergestellt hätte. Es ist ein vom Abbild des Gegenständlichen losgelöstes Sprachzeichen, wie wir es mehrfach in *Traum und Umnachtung* finden: „*Nachtlang wohnte er in kristallener Höhle und der Aussatz wuchs silbern auf seiner Stirne (…) Silbern schimmern die bösen Blumen des Bluts an jenes Schläfe (…) Silbern blühte der Mohn auch.*"[150] In *Föhn* taucht die Farbgebung wiederum in einem anderen Zusammenhang auf:

---

148 In *Traum und Umnachtung* : O, die Stunde, da er mit steinernem Mund im Sternengarten hinsank, der Schatten des Mörders über ihn kam. (TRA, S. 80)
149 In einer Vorfassung lautet diese Zeile noch: Eines Ungebornen sank des Fremdlings rotes Haupt hin (siehe Giese, S. 212).
150 TRA, S. 82 f., Z. 112–114; Z. 124 f., Z. 139 f.

2.3   Interpretationen

Silbern zerschellt an kahler Mauer ein kindlich Gerippe. [151] Ein deutlicher Bezug zur Orpheus-Figur findet sich durch die Farbgebung *silbern* in *Passion*:

> *Wenn Orpheus silbern die Laute rührt,*
> *Beklagend ein Totes im Abendgarten,*
> *Wer bist du Ruhendes unter hohen Bäumen?* [152]

Die angeführten Beispiele machen deutlich, dass eine Festlegung auf einen Bedeutungsraum konventioneller Farbassoziationen kaum möglich ist; das Sprachzeichen steht hier für sich selbst, bindet sich aber durch eine Alliteration auf der Klangebene an das folgende Verb (*silbern sank*). Diese Alliteration korrespondiert wiederum mit der Alliteration am Ende der Verszeile (*Haupt hin*). Die Veränderungen gegenüber der (in der Fußnote aufgeführten) ursprünglichen Version liegen also nicht nur auf der Ebene der Semantik, sondern vor allem auf der Ebene der Melodik, der musikalisch-poetischen Gestaltung der Zeile zum Liedhaften. Durch das Bewegungsverb *hinsinken* (nicht also fallen, stürzen, aufschlagen) bekommt der Vorgang des Sterbens eine nahezu sanfte und stille Dimension. Diese ästhetische Gestaltung eines brutalen Vorgangs (der in seiner Ausführung ausgespart und nur von seinem Resultat her geschildert wird) wird aufgefüllt mit dem Hochwertwort *Haupt*, das die bereits mehrfach aufgetauchten religiösen Elemente des Textes verstärkt: „Da nun Jesus Essig genommen hatte, sprach er: Es ist vollbracht! Und neigte das Haupt und verschied." (Johannes 19,30) Wobei der Tod Hausers – anders als der Tod Christi – nicht mit Erlösung oder Hoffnung verbunden ist, und erst recht

Ästhetische Gestaltung des Sterbens

---

151 TRA, S. 68
152 TRA, S. 69 (3. Fassung)

2.3 Interpretationen

keine Heilserwartung enthält. Die religiös konnotierten Begriffe sind ihrer Jenseits-Dimension, ihres Auferstehungsversprechens entkleidet.

Der *Ungeborne*
Kaspar Hauser wird als *Ungeborner* bezeichnet. Zunächst sind wir also mit einem Paradoxon konfrontiert: Wie kann ein Ungeborener sterben? Eine Möglichkeit, dieses „Rätsel" aufzulösen, könnte darin bestehen, dass Hauser als Mensch mit einer fehlenden Identität zu sehen ist. Aus dem Ungewissen kommend und von uneindeutiger Herkunft, bleibt er stets ohne wirkliche Biografie, ohne die Möglichkeit, sich selbst auf die Spur zu kommen. Er ist ja nicht nur den anderen ein Rätselmensch, sondern auch sich selbst ein Geheimnis. Löst man das Lexem von der historischen Hauser-Figur und nimmt Hauser als Symbolfigur, dann deutet das Lexem *Ungeborner* auf Unvollendetes in einer kalten, versteinerten Welt hin: auf die Unmöglichkeit der Sanftmut (die Stille, die an Hauser gebunden ist), der Reinheit (das *reine Antlitz*), des Ernstes und der *Freude* (siehe Strophen 1 und 2). In der „modernen" Welt, so mag der Begriff *Ungeborner* verstanden werden, ist kein Platz (mehr) für Sanftmut und Stille. Das *Lied* wird damit endgültig zu einem Gesang des Schmerzes, die Klage Kaspar Hausers (siehe Strophe 3) wird zu einer Klage über die Welt:

Jüngling aus kristallnem Munde
Sank dein goldener Blick ins Tal;
Waldes Woge rot und fahl
In der schwarzen Abendstunde.
Abend schlägt so tiefe Wunde! [153]

---

153 TRA, S. 92 (Dieses Gedicht *Klage* ist nur titelidentisch mit dem Gedicht *Klage*, das Georg Trakl als zweites Gedicht neben *Grodek* Ludwig von Ficker aus dem Krakauer Spital zusandte.)

2.3 Interpretationen

In den einleitenden Passagen zur Interpretation dieses Gedichts ist bereits auf die Selbstsicht Georg Trakls als „armer Kaspar Hauser" (Brief an Buschbeck) und seinen zutiefst negativen Blick auf die Stadt Innsbruck und ihre Menschen (brutal und gemein) hingewiesen worden. Sicherlich spielt Trakls Lebensphase in Innsbruck, die durch Geldnot, die Unzufriedenheit mit seiner Arbeit, häufige Angstzustände und Ekelgefühle bestimmt ist, in die Gestaltung des Gedichts hinein.[154] Sein *Lied* über Kaspar Hauser kann insofern auch als maskiertes Gedicht über Trakl selbst, sein Lebens- und Weltgefühl verstanden werden. Es aber auf diesen biografischen Aspekt zu begrenzen, wäre verkürzt. Was im *Kaspar Hauser Lied* beklagt wird, ist letztlich der Verlust der Menschwerdung selbst, für den Kaspar Hauser, der *Ungeborne*, als Beispiel dient. Diese Klage ist aber gleichzeitig der ästhetisierte Anspruch auf diese Menschwerdung, den es noch einzulösen gilt.

Selbstsicht Trakls

---

154 Vergl. zur Phase in Innsbruck Basil, S. 115 f.

2.3   Interpretationen

Verfall

Am Abend, wenn die Glocken Frieden läuten,
Folg ich der Vögel wundervollen Flügen,
Die lang geschart, gleich frommen Pilgerzügen,
Entschwinden in den herbstlich klaren Weiten.

5 *Hinwandelnd durch den dämmervollen Garten*
Träum ich nach ihren helleren Geschicken
Und fühl der Stunden Weiser kaum mehr rücken.
So folg ich über Wolken ihren Fahrten.

Da macht ein Hauch mich von Verfall erzittern.
10 *Die Amsel klagt in den entlaubten Zweigen.*
Es schwankt der rote Wein an rostigen Gittern,

Indes wie blasser Kinder Todesreigen
Um dunkle Brunnenränder, die verwittern,
Im Wind sich fröstelnd blaue Astern neigen. [155]

Zerstörung einer Idylle

Das Gedicht *Verfall* ist eines von zwei Gedichten, die aus der erst nach Trakls Tod veröffentlichten *Sammlung 1909* stammen und in die Sammlung *Gedichte* (1913), deren Titel zunächst *Dämmerung und Verfall* lauten sollte, Eingang gefunden haben. In der *Sammlung 1909* ist die Urfassung des Gedichts noch mit *Herbst* betitelt, signalisiert also im Titel die Jahreszeit, wogegen in der späteren Fassung aus *Gedichte* sich bereits durch den anderen Titel eine Akzentverschiebung ergibt, da das Wort *Verfall* aus der ersten Zeile des ersten Terzetts zum Leitwort und Schlüsselwort wird. Die

———

155 TRA, S. 35

Veränderung des Titels bekommt dadurch eine besondere Bedeutung, da Trakl ansonsten nur wenige Änderungen vorgenommen hat. Der *dämmervolle Garten* ersetzt den *nachtverschloßnen Garten* aus *Herbst*, an die Stelle des *Vogel(s)* tritt in der späteren Fassung die *Amsel*, die *fahle(n) Astern* in *Herbst* werden durch das Attribut *blau* in *Verfall* farblich deutlich akzentuiert. [156]

In den vierzehn Verszeilen des Gedichts stürzt das lyrische Ich aus einem Zustand des Träumens und momentaner Glücksgefühle innerhalb kürzester Zeit in einen Zustand der Verunsicherung, der sich auch körperlich ausdrückt (*erzittern*), weil sich die anfängliche Idylle als scheinhaft und die zunächst positive Grundstimmung als trügerisch erweist. Um diesen Transformationsprozess kompositorisch zu unterstützen, bedient sich Trakl der Gedichtform des Sonetts, dessen Tektonik sich im äußeren Aufbau durch zwei Quartette (Aufgesang) und zwei Terzette (Abgesang), und im inneren Aufbau durch eine antithetische Grundstruktur auszeichnet. Das Sonett war vor allem im Barock (17. Jahrhundert) eine beliebte Gedichtform, bei der die Reimstruktur in den Quartetten festgelegt war (umarmender Reim), wogegen in den Terzetten eine freiere Gestaltung hinsichtlich der Abfolge der Reime gewählt wurde. Im barocken Sonett wird häufig der Alexandriner verwendet, ein Vers aus sechs Jamben mit einer Zäsur nach der dritten Hebung. In Trakls Gedicht *Verfall* finden wir (wie auch bei anderen von ihm und seinen Zeitgenossen gestalteten Sonetten) einen fünfhebigen Jambus.

Die antithetische Struktur des Sonetts zeigt sich hier grundlegend in der positiven Stimmung, die in den beiden Quartetten vorherrscht, mit dem Beginn des ersten Terzetts aber ins Negative umschlägt, wobei sich einzelne Elemente aus den Quartetten und

Transformationsprozess des lyrischen Ich

---

156 Siehe TRA, S. 35 (*Verfall*) und S. 133 (*Herbst*)

2.3   Interpretationen

den Terzetten aufeinander beziehen lassen (z. B. *Vögel* und *Amsel*, *hell* und *blass*).

1. Quartett: Harmonie

Das erste Quartett besteht nur aus einem einzigen, als Hypotaxe angelegten Satz. Einleitend wird die Tageszeit festgehalten (*Abend*). Das lyrische Ich nimmt optisch und akustisch die äußere Umwelt wahr, die akustisch durch das Läuten der Abendglocken bestimmt wird (der Arbeitstag geht zu Ende) und optisch durch die Weite des Himmels (*klare Weiten*). Das lyrische Ich ist in einer Haltung des intensiven Beobachtens: Es verfolgt mit seinem Blick den Flug der *Vögel*, die *lang geschart*, also in geordneter Formation fliegen und vermutlich vor dem nahenden Winter gen Süden aufbrechen.

2. Quartett: Standort und innere Befindlichkeit

Im zweiten Quartett, das aus zwei Sätzen besteht – einem Satz, der die ersten drei Verse umfasst, und einem einfachen Hauptsatz im vierten Vers –, werden Standort und innere Befindlichkeit des Sprechers näher bestimmt. Das lyrische Ich hält sich zur Zeit der (Abend-)Dämmerung in einem Garten auf, durch den es *wandelt*, wobei das Verb *wandeln* nicht nur eine Art des gemessenen, also langsamen Gehens bedeuten kann, sondern, auf einer zweiten Bedeutungsebene, auch in einer Nähe zum Verb *pilgern* steht (etwa in der Redewendung „auf Gottes Pfaden wandeln"). Das Ich befindet sich in einem Zustand des Träumens und des Gefühls der Zeitlosigkeit (*und fühl der Stunden Weiser kaum mehr rücken*), gibt dabei aber den Blick auf die *über Wolken* entschwindenden *Vögel* nicht auf (das Verb *folgen* aus der zweiten Verszeile des ersten Quartetts wird in der vierten Verszeile des zweiten Quartetts wieder aufgenommen). Im zweiten Quartett werden also der Nahraum (der Garten, in dem sich das Ich befindet) und die Weite (der Flug der *Vögel* über den Wolken) miteinander verbunden.

1. Terzett: Stimmungsänderung

Das erste Terzett ist durch den Zeilenstil geprägt, jede Verszeile umfasst einen Satz, in jeder Verszeile wird ein Eindruck

2.3 Interpretationen

vermittelt (Zustand des Sprechers, *Amsel, Wein*). Ohne Übergang und plötzlich (*da*) kippt in der ersten Zeile die Stimmung ins Negative. Der Ich-Sprecher erzittert durch einen *Hauch von Verfall*. Das titelgebende Signalwort wird voraussetzungslos eingeführt, eine Erklärung wird nicht gegeben. Die innere Verfassung des Sprechers wird durch die Wiedergabe äußerer Erscheinungen im zweiten und dritten Vers illustriert: Die *Amsel klagt*, *der rote Wein schwankt*, die *Gitter* sind *rostig*. Das zweite Terzett, wie das erste Quartett aus einer Hypotaxe bestehend, die sich, nur durch ein Komma getrennt, an die letzte Zeile des ersten Terzetts anschließt, führt eine weitere Beobachtung des Sprechers auf (*blaue Astern*, die sich *fröstelnd neigen*), verbindet diese aber mit einem starken Bild: Die *Astern* wecken im lyrischen Ich die Assoziation eines *Todesreigens* von Kindern, wobei offen bleibt, ob der Präpositionalausdruck *um dunkle Brunnenränder* als Tanzplatz der Kinder zu verstehen, also attributiv dem *Todesreigen* zuzuordnen ist oder als architektonisches Element des Gartens aufzufassen ist, um das die *Astern* gruppiert sind, mithin lokaladverbiale Funktion hätte.

Die antithetische Grundstruktur des Gedichts ergibt sich auf der formalen Ebene durch den Wechsel zwischen Quartetten und Terzetten einerseits und den Wechsel in der Reimstruktur andererseits (abba, cddc in den Quartetten, efefef strophenübergreifend in den Terzetten), vor allem aber inhaltlich durch die komplexen semantischen Bezüge in den vier Strophen mit dem Schnitt (Stimmungswechsel) nach dem zweiten Quartett. Positiv konnotierten Begriffen in den Quartetten stehen negativ konnotierte in den Terzetten gegenüber. Es entstehen Oppositionsbeziehungen, die an einigen Beispielen erläutert werden sollen:

Antithetische Grundstruktur

Verfall

Am Abend, wenn die Glocken Frieden läuten,
Folg ich der Vögel wundervollen Flügen,
Die lang geschart, gleich frommen Pilgerzügen,
Entschwinden in den herbstlich klaren Weiten.

5   Hinwandelnd durch den dämmervollen Garten
Träum ich nach ihren helleren Geschicken
Und fühl der Stunden Weiser kaum mehr rücken.
So folg ich über Wolken ihren Fahrten.

Da macht ein Hauch mich von Verfall erzittern.
10 Die Amsel klagt in den entlaubten Zweigen.
Es schwankt der rote Wein an rostigen Gittern,

Indes wie blasser Kinder Todesreigen
Um dunkle Brunnenränder, die verwittern,
Im Wind sich fröstelnd blaue Astern neigen.

Semantische Oppositionspaare

So steht den *Vögel(n)* die einsame *Amsel* gegenüber, dem *Frieden* und den *Pilgerzügen* ist der *Todesreigen* gegenübergestellt, die *helleren Geschicke* kontrastieren mit den *dunklen Brunnenrändern*, wobei die Enge und Tiefe des dunklen Brunnens wiederum im Kontrast zu den *klaren Weiten* (Unbegrenztheit, Helligkeit) steht; dem Bewegungsverb *wandeln* kann als Gegensatz das Verb *schwanken* zugeordnet werden, dem *Friedensläuten* der *Glocken* das *Klagen* der Amsel, *wundervoll* und *entlaubt* können ebenfalls als Gegensatzpaar begriffen werden, genauso wie *herbstlich* und *blass*. In den Quartetten und Terzetten gibt es also zahlreiche semantische Oppositionspaare. Aber auch innerhalb der beiden Strophengruppen beziehen sich Begriffe aufeinander, die jeweils ein positiv oder negativ besetztes Assoziationsfeld eröffnen. So etwa im ersten Quartett *Glocken*, *Frieden* und *Pilgerzüge*, die alle auf die christliche Religion verweisen, *zittern* und *frösteln*, *entlaubt* und *dunkel* in den Terzetten. Diese Wortkombinationen bestimmen die Grundstimmungen in den Quartetten und Terzetten.

Die beiden Quartette erinnern in Wortwahl, Bildqualität und Zeit (*Abend*) an Gedichte der Romantik, in denen eine idyllisch verklärte Natur zum mit Sehnsucht aufgeladenen Fluchtraum des lyrischen Sprechers wird. Die gewählten Bilder, etwa der Vergleich der *Vögel* mit einem *Pilgerzug*, können ohne Schwierigkeiten als Abbild einer Wirklichkeit entschlüsselt werden. Sie sind als Serie von Fotos (oder Elemente eines Gemäldes) vorstellbar: ein Glockenturm, Vögel am Himmel, ein Garten in der Dämmerung, Wolken. Aber die Strophen gehen über ein Abbild der äußeren Natur hinaus – ihr Kern liegt in den Wirkungen der Naturelemente auf das Innere des Sprechers. Er gerät in den Zustand des Träumens, in dem die Zeit nahezu stillsteht (*der Stunden Weiser kaum mehr rücken*) und der Raum sich ins Unendliche ausweitet. Das Ich transzendiert sich in den Bereich über den Wolken (*... folg ich über Wolken ihren Fahrten*) zu einem nicht genannten Ziel, wobei hier nicht das kognitive Erfassen der Naturelemente eine Rolle spielt, sondern das sinnliche Erleben (*träum ich*, *fühl ich*). In den Quartetten kann der Eindruck entstehen, dieser Transzendenzraum sei in der christlichen Religion, im Jenseits zu verorten und der Sprecher sei, gleich den *Vögeln*, auf einer (inneren, seelischen) Pilgerfahrt (in diesem Zusammenhang spielt das Verb *wandeln* eine Rolle).

Die friedvoll-harmonische Atmosphäre und der sich im Gleichgewicht befindende Seelenzustand des Sprechers werden mit

Wirkung der Naturbilder auf den Sprecher

2.3 Interpretationen

Beginn des ersten Terzetts abrupt und radikal zerstört. War eben noch die Zeit aufgehoben, so bricht sie, durch das *da* in der Spitzenstellung besonders betont, nun in das Innere des Sprechers ein: Der gespürte *Hauch von Verfall* löst die körperliche Reaktion des Erzitterns aus. Dieser Umbruch wird unterstützt durch die Inversion, die diesen Satz kennzeichnet. Eine Vorahnung des *Verfalls*, eben nur ein *Hauch* erfasst den Sprecher (wobei *Hauch* wiederum mit dem Wort *Wind* in der Schlusszeile korrespondiert).

Änderung der Blickrichtung

Die Blickrichtung des Sprechers verändert sich – fotografisch gesprochen: Betrachtet man die Quartette, so wird hier die Welt durch ein Weitwinkelobjektiv gesehen, der Blick ist panoramatisch, schreitet den Horizont ab. Jetzt geht der Sprecher zu einer Folge von Nahaufnahmen über: Die *Amsel*, die *entlaubten Zweige*, der *Wein*, die *Astern*. Der Gesang der *Amsel* (die mehrfach in Trakls Gedichten vorkommt) wird zur *Klage*, zum Trauergesang, der durch das Metrum, die häufig vorkommenden dunklen Vokale *a* und *o* sowie die im gesamten Gedicht gleichbleibenden weiblichklingenden Kadenzen (unbetonte letzte Silbe), die dem Gedicht einen melancholisch-fließenden Grundton geben, nahezu hörbar wird. Der Herbst (die häufigste Jahreszeit in der Lyrik Trakls) ist ambivalent besetzt, sie ist fruchtbringend (Ernte, Farbenreichtum) und zugleich Vorbote der Dunkelheit und des Absterbens der Natur; die *entlaubten Zweige* deuten hier aber darauf hin, dass der Herbst schon vorangeschritten ist und die kalte Zeit des Winters bevorsteht. Das Farbenspiel des Herbstes, die Farbigkeit des *roten Weins* (durchaus noch positiv zu sehen) wird durch die Farbgebung der *Amsel* (das Gefieder der Männchen ist schwarz, das der Weibchen bräunlich) und die verrosteten *Gitter* (Braunton) wenn nicht aufgehoben, so doch eingeschränkt. Vollends ins Negative

Umschwung ins Negative

entwickelt sich die Stimmung im zweiten Terzett durch das Bild der *blasse(n) Kinder* und ihren *Todesreigen*, der die Kontrastbe-

wegung zum *Pilgerzug der Vögel* (1. Quartett) bildet. Georg Trakl
greift hier das seit dem 14./15. Jahrhundert in der Malerei aufkommende Totentanzmotiv auf, das, in Verknüpfung von Tanz und Tod,
die Gewalt des Todes über den Menschen anhand der bildlichen
Darstellung allegorischer Gruppen zeigt. Der Mensch, für den
hier allegorisch die *Kinder* stehen, ist von Geburt an zum Tode bestimmt. [157] Immanent schwingt das Memento-mori-Motiv der Vanitas-Lyrik des Barockzeitalters mit.[158] Der letzte Eindruck ist der der
Kälte (*Wind*, Frost). Die noch warm zu nennende Atmosphäre der
Quartette hat sich in ihr Gegenteil verkehrt. Die *Astern* erinnern als
„Sternenblume" (abgeleitet von aster = Stern) nur noch von Ferne
an den Himmel der 1. Strophe. Das Verb *neigen* eröffnet Bedeu-
tungsspielräume: Werden die personifizierten *blaue(n) Astern* vom
kalten Wind nach unten gedrückt oder verneigen sie sich in einer
Demutsgeste vor dem Tod, den die Kälte ihnen bereiten wird?

Die Farbe BLAU (eine Lieblingsfarbe der Expressionisten) ist   Farbgebung
mehrdeutig und kommt bei Trakl in unterschiedlichen Kontexten
bzw. an unterschiedliche Substantive geknüpft vor. Wir finden die
blaue Seele (in *Melancholie*) ebenso wie das *blaue Gewand* der *Pest*
(in *Die Verfluchten*). Das *blaue Wild* dient häufig als Bild für Trakls
Schwester. Diese Beispiele sollen verdeutlichen, dass in der Lyrik
Trakls Farbadjektiv und Substantiv nicht unbedingt im Sinne eines
unmittelbaren Realitätsgehalts zusammengeführt werden, sondern

---

157 Sieht man die Kinder, die den Todesreigen tanzen, nicht als Gruppe, sondern als Paar, wäre der
oben gegebenen Deutung eine zweite an die Seite zu stellen, die auf die Beziehung zwischen
Trakl und seiner Schwester Grete abhebt; der *Verfall* wäre dann enger zu fassen, als moralischer
Verfall, auch als Schuldeingeständnis. Für diese eher eng geführte Interpretation sei auf folgen-
de Textstelle aus *An einen Frühverstorbenen* verwiesen:
O, der schwarze Engel, der leise aus dem Innern des Baums trat,
Da wir sanfte Gespielen am Abend waren,
Am Rand des bläulichen Brunnens.
Ruhig war unser Schritt, die runden Augen in der braunen Kühle des Herbstes,
O, die purpurne Süße der Sterne. (TRA, S.65)
158 Memento mori: Gedenke des Todes! (Denke daran, dass du sterblich bist!); Vanitas: Hinweis auf
die Vergänglichkeit

die Farbe, als irreale Farbe, einen Sinn in sich (als Zeichen) tragen kann. Sieht man die Farbgebung hier als Anspielung auf die „blaue Blume der Romantik", also als Symbol für Sehnsucht, Liebe und das Streben nach dem Unendlichen, so wird diese Sehnsucht durch die Kontextualisierung (Kälte, Frost, das Verb *neigen*) zerstört.

Mehrfach-kodierung des Titels

Beim Wort *Verfall* ist ebenfalls eine Mehrfachkodierung zu entdecken. Werkgeschichtlich knüpft es an den zeitweilig vorgesehenen Titel der Sammlung *Gedichte* an, nämlich *Dämmerung und Verfall.* (An den Titelbestandteil *Dämmerung* erinnert wiederum der *dämmervolle* Garten, der den *nachtverschloßnen* Garten aus der 1. Gedichtfassung in der *Sammlung 1909* ersetzt.) Auf die Epoche bezogen greift Trakl mit dem Titel das Krisenbewusstsein seiner Zeitgenossen, besonders das der jungen Dichtergeneration des Expressionismus, auf. Historisch kann der Titel als Vorahnung (eben nur ein *Hauch*) des kommenden Untergangs der sich in äußerlicher Pracht erschöpfenden Monarchie der Habsburger gesehen werden, deren Glanz die in der Gesellschaft brodelnden Widersprüche nur scheinhaft überdeckt. Auf Trakl selbst bezogen ist es ein Signalwort für eine Grundstimmung, die sein Leben kennzeichnet, das in der äußeren Welt keinen Halt findet und dessen innere Landschaft von Ekel und Selbstekel durchzogen ist, auch bestimmt durch die Schuldgefühle im Zusammenhang mit dem inzestuösen Verhältnis zur Schwester Grete. Trakl leidet zudem an einer tiefen Selbstentfremdung, wie sie sich aus den Zeilen an Erhard Buschbeck aus dem Jahre 1910 ablesen lässt: „Ich möchte mich gerne ganz einhüllen und unsichtbar werden. Und es bleibt immer bei den Worten, oder besser gesagt bei der fürchterlichen Ohnmacht."[159]

— — —

159 Zitiert nach Kemper/Max, S. 218 f.

2.3 Interpretationen

Alles Romantische, das die Quartette des Gedichts aufzurufen scheinen, ist am Ende zerstört und einer Desillusionierung gewichen. Und im Gegensatz zu den barocken Dichtern, die häufig den Verfall des Menschen beschreiben, seinen unvermeidbaren Tod und das Vergängliche allen Lebens, die aber zugleich antithetisch auf eine Erlösung der Seele im Jenseits verweisen, bleibt diese Hoffnung bei Trakl in *Verfall* aus. Die durch die religiös konnotierten Begriffe des 1. Quartetts (*Pilgerzug, fromm, Frieden, Glocken*) als Möglichkeit aufscheinende Erlösungshoffnung erweist sich somit ebenfalls als Illusion.

Desillusionierung

Vorstadt im Föhn

Am Abend liegt die die Stätte öd und braun,
Die Luft von gräulichem Gestank durchzogen.
Das Donnern eines Zugs vom Brückenbogen –
Und Spatzen flattern über Busch und Zaun.

5   Geduckte Hütten, Pfade wirr verstreut,
In Gärten Durcheinander und Bewegung,
Bisweilen schwillt Geheul aus dumpfer Regung,
In einer Kinderschar fliegt rot ein Kleid.

Am Kehricht pfeift verliebt ein Rattenchor.
10 In Körben tragen Frauen Eingeweide,
Ein ekelhafter Zug voll Schmutz und Räude,
Kommen sie aus der Dämmerung hervor.

Und ein Kanal speit plötzlich feistes Blut
Vom Schlachthaus in den stillen Fluß hinunter.
15 Die Föhne färben karge Stauden bunter
Und langsam kriecht die Röte durch die Flut.

Ein Flüstern, das in trübem Schlaf ertrinkt.
Gebilde gaukeln auf aus Wassergräben,
Vielleicht Erinnerung an ein früheres Leben,
20 Die mit den warmen Winden steigt und sinkt.

Aus Wolken tauchen schimmernde Alleen,
Erfüllt von schönen Wägen, kühnen Reitern.
Dann sieht man auch ein Schiff auf Klippen scheitern
Und manchmal rosenfarbene Moscheen. [160]

Georg Trakls Gedicht *Vorstadt im Föhn* erscheint erstmalig am 1. 5. 1912 im *Brenner* und findet 1913 Aufnahme in die Sammlung *Gedichte*. Kurze Zeit nach der Veröffentlichung im *Brenner* kommt es bei einem zufälligen Treffen im Café *Maximilian* in Wien zu einer ersten persönlichen Begegnung zwischen Georg Trakl und Ludwig von Ficker, dem Herausgeber der Zeitschrift und späteren langjährigen Freund und Förderer des Dichters. Georg Trakl studiert zu dieser Zeit in der österreichischen Metropole. Ganz offensichtlich ist er in Wien nicht wirklich heimisch geworden, mehrmals zieht er innerhalb der Stadt um. Schon 1908 hatte er aus Wien an seine Schwester Maria nach Salzburg geschrieben: „Die Wiener gefallen mir gar nicht. Es ist ein Volk, das eine Unsumme, dummer, alberner, und auch gemeiner Eigenschaften hinter einer unangenehmen Bonhomie verbirgt. Mir ist nichts widerlicher, als ein forciertes Betonen der Gemütlichkeit! Auf der Elektrischen biedert sich einem der Kondukteur an, im Gasthaus ebenso der Kellner u. s. w. Man wird allerorten in der schamlosesten Weise angestrudelt. Und der Endzweck all' dieser Attentate ist – das Trinkgeld! Die Erfahrung mußte ich schon machen, daß in Wien alles eine Trinkgeldtaxe hat. Der Teufel hole diese unverschämten Wanzen." [161]

> Abneigung
> gegen Wien

Georg Trakl hat der Kaiserstadt Wien kein Gedicht gewidmet, das unmittelbar als solches (etwa durch den Titel oder eine bestimmte Zeile) zu erkennen wäre, wogegen die Metropole Berlin

---

160 TRA, S. 30
161 Kemper/Max, S. 215 f.

2.3   Interpretationen

Gegenstand zahlreicher Gedichte der deutschen Expressionisten ist (siehe etwa als Beispiel Georg Heyms *Berlin*). Man darf aber wohl annehmen, dass Georg Trakl den Millionenstädten (und damit auch Wien) ablehnend gegenüber stand. In seinem Gedicht *An die Verstummten* lautet die erste Strophe:

> *O, der Wahnsinn der großen Stadt, da am Abend*
> *An schwarzer Mauer verkrüppelte Bäume starren,*
> *Aus silberner Maske der Geist des Bösen schaut;*
> *Licht mit magnetischer Geißel die steinerne Nacht verdrängt.*
> *O, das versunkene Läuten der Abendglocken.*[162]

Stadt und Wahnsinn

Was Trakl hier beklagt, ist der Verlust eines (relativ) naturnahen und überschaubaren Lebensraums (die *Bäume* sind *verkrüppelt*, das *Abendläuten* ist nicht mehr zu hören). Die Elektrifizierung, die die Dunkelheit der Nacht verdrängt, sieht er als *magnetische Geißel*, das Böse verbirgt sich hinter einer *silbernen Maske* (das Geld, die Vergnügungssucht): Die Stadt in ihrer Gesamtheit gebiert *Wahnsinn*. Und dieser Wahnsinn frisst sich, so legt es das Gedicht *Vorstadt im Föhn* nahe, immer weiter in die Landschaft, in die jenseits des Zentrums (der Metropole) liegenden Vorstädte.

Das Wort *Vorstadt* ist nur im Titel des Gedichts zu finden, stattdessen taucht in der ersten Zeile des Gedichts, das sechs Strophen mit jeweils vier Versen aufweist, der Begriff *Stätte* auf, sprachgeschichtlich eine Vorform unseres Wortes *Stadt* und heute nur noch in bestimmten Zusammenhängen vorkommend (Arbeitsstätte, Gaststätte, Ruhestätte, Gedenkstätte). Diese *Stätte* wird in den ersten drei Versen visuell (*öd und braun*), olfaktorisch (der *Gestank*) und akustisch eingeführt (die Bewegung des *Zugs* wird durch

--- --- ---

162 TRA, S.69

2.3 Interpretationen

das *Donnern* akustisch vermittelt), wobei der Sprecher nicht als
Ich greifbar wird. Sein Standort scheint sich außerhalb der *Stätte*
selbst zu befinden. Im vierten Vers werden Natureelemente (die
Spatzen, der *Busch*) und architektonische Details erwähnt (*Zaun*).
Es entsteht ein erster Eindruck, der Tristesse vermittelt und Un-   Tristesse
bewohnbarkeit suggeriert: Die *Stätte* ist *öd* und von *gräulichem
Gestank durchzogen* (eine Synästhesie, da zwei Sinneseindrücke,
nämlich der Sehsinn und der Geruchssinn verbunden werden). Bewegung geht lediglich vom Gestank (*durchziehen*), vom Geräusch
des *Zugs*, der über die Brücke fährt (das *Donnern*), und von den
Spatzen aus (*flattern*); die *Stätte* selbst verharrt in Unbeweglichkeit
(sie *liegt*). Ganz offensichtlich handelt es sich hier nicht um eine
idyllische, von kleinen Häusern und Gehöften und den darin lebenden Bewohnern geprägte Vorstadt, sondern um eine Landschaft,
die zur Einöde geworden ist.

Bietet die erste Strophe einen Gesamteindruck der Umgebung,
der *Stätte* als Ganzes, der negativ bestimmt ist, nimmt die zweite Strophe den engeren Lebensraum der Menschen ins Blickfeld: Lebensraum
Geduckte Hütten dienen als Behausungen, geordnete Straßen gibt   der Menschen
es nicht, stattdessen *Pfade wirr verstreut.* Die vorhandenen *Gärten*
sind durch *Durcheinander und Bewegung* gekennzeichnet, menschliche Laute werden nicht als artikulierte Sprache, sondern als *Geheul* wahrgenommen, was eher den Lauten von Tieren zuzuordnen
ist (Wölfe heulen). Die Regungen der Menschen werden als *dumpf*
bezeichnet. Der Verlassenheit, Unordnung und Armut des Ortes
entspricht die nahezu auf eine animalische Existenz reduzierte
Lebensweise der Menschen, die bis in den dritten Vers der zweiten Strophe aber nicht als Lebewesen auftauchen, sondern nur in
Form von Lauten und Bewegungen, gesichtslos und ohne Individualität. Im vierten Vers der zweiten Strophe scheint für einen Moment Leben in diesen traurigen Ort einzuziehen: Eine *Kinderschar*

gerät in den Blick; aber nicht die Kinder sind Subjekt des Satzes, sondern der Gegenstand, der sich farblich kontrastreich von der Umgebung und durch eine dynamische Bewegung (*fliegen*) von den *dumpfen Regungen* der Menschen abhebt: *fliegt rot ein Kleid*. Das Lachen von Kindern, Freude am Spiel, Gesang: All das bleibt unerwähnt, scheint nicht existent zu sein.

Dieser Blick auf die Menschen erfährt eine Steigerung in der dritten Strophe: Das Gefühl der Liebe, der tiefsten Emotion, die Menschen füreinander empfinden können, wird *Ratten* zugeordnet, die zusätzlich dadurch personifiziert werden, dass sie als *Chor*, also geordnet, auftreten und *verliebt pfeifen.* In den Versen 2–4 der Strophe baut Trakl ein Bild auf, das an mittelalterliche Pestumzüge erinnert. *Frauen* mit *Körben* voller *Eingeweide kommen aus der Dämmerung hervor.* Dieser Vers nimmt über die *Dämmerung* Bezug auf die erste Strophe und die dort am Anfang gegebenen Markierung der Zeit (*Abend*). Ein weiterer Bezug wird zu den *Ratten* hergestellt: Die *Frauen* werden als *ekelhafter Zug von Schmutz und Räude* gekennzeichnet. Die *Räude* ist eine Milbenerkrankung, die bei Tieren vorkommt, wäre also eher den *Ratten* zuzuordnen. Zudem verbinden wir (in unserem Kulturkreis) *Ratten* mit Schmutz und Ekel und der Zeit der Dunkelheit (Abend und Nacht; siehe etwa die literarische Bearbeitung des Themas in Wolfgang Borcherts *Nachts schlafen die Ratten doch*). Während die *Ratten* also mit menschlichen Eigenschaften und Fähigkeiten ausgestattet werden (Gefühl der Liebe, *Chor*, *pfeifen*), sind den Menschen (hier: den *Frauen*) animalische Attribute zugeordnet (*Räude*). Die *Frauen* kommen aus einem unbestimmten Nirgendwo: Eine konkrete Ortsangabe über den Ausgangspunkt des Zuges erfolgt nicht, sie tauchen, Gespenstern gleich, aus der Dämmerung auf. Auch das Ziel ihres *Zuges* bleibt offen. Schockierend muss es erscheinen, dass sie in ihren *Körben Eingeweide* transportieren. Will man diese

Ratten (margin)

Eingeweide nicht lediglich als drastische Verstärkung des sich auf-
bauenden Bildes von Schmutz, Ekel und Krankheit sehen, sondern
als Abbild mit Wirklichkeitsbezug, könnte die vierte Strophe Auf-
schluss geben: Aus einem Kanal strömt *feistes Blut*, das aus einem *Schlachthaus* kommt, in den *stillen Fluß*. [163] Eine Fleischfabrik
verklappt die flüssigen Restbestände des Tagewerks, die Frauen
tragen die nicht zur Weiterverarbeitung geeigneten Innereien in
ihren *Körben*. Wie die *Ratten* in Strophe 3 wird nun der Kanal personifiziert: Er *speit* das Blut in den Fluss.

　　An dieser Stelle sind mehrere Bezugspunkte festzuhalten: Der
stille Fluß (Natur) steht akustisch im Kontrast zur Lautstärke der   Kontraste
Technik (das *Donnern* des *Zuges*). Der ungeordneten Landschaft
(*Gärten*, durcheinander *verstreute Pfade*) steht die vom Menschen
regulierte, industriellen Zwecken dienende Architektur und Technik gegenüber (der *Brückenbogen*, der *Kanal*). Das Schlachthaus
steht im Gegensatz zu den *geduckte(n) Hütten*, zum *Geheul* der
Menschen bildet der *Chor* der *Ratten* einen Kontrast. Der vorherrschende Farbton der *Stätte* ist das *Braun* (erste Strophe), ergänzt
um einen Grauton, auf den der *gräuliche* Gestank (Alliteration) verweist; in Strophe 2 kommt als Farbe das Rot des *Kleides* hinzu,
das durch die *Eingeweide* (Strophe 3) und das *Blut* (Strophe 4) in-
direkt, ohne Nennung des Farbadjektivs, aufgenommen wird. Die
Verse 3 und 4 der vierten Strophe treten über die Farbgebung in
Beziehung zu den bisherigen und stellen einen Übergang zu den
folgenden Versen und Strophen zugleich dar:

---

163 Zwischen 1868 und 1875 wurde in Wien die Donau reguliert, indem man ihre zahlreichen
　　Seitenarme abgrub und den Fluss um die Stadt leitete. Der in die Stadt führende Seitenarm blieb
　　erhalten, wurde aber reguliert und trägt den Namen Donaukanal.

> *Die Föhne färben karge Stauden bunter*
> *Und langsam kriecht die Röte durch die Flut.*

Durch das Verb *färben* und den Komparativ *bunter* wird ebenso ein Bezug zu den bisherigen Farbtönen hergestellt wie durch den Verweis auf die *Röte*, also das Blut aus dem Schlachthaus, das durch den *Kanal kriecht* (ein personifizierendes Bewegungsverb). Zugleich taucht ein weiteres Element aus dem Titel (allerdings im Plural) auf: *Föhne* (Alliteration mit *färben*). Den *Föhnen* kann man andere Wörter aus dem Text zuordnen: *Wolken, Winde, fliegen*. Gemeinsam bilden sie das Element Luft ab. Die *kargen Stauden* knüpfen wiederum an die in der Eingangsstrophe und in der zweiten Strophe vermittelte Grundsituation an. Der Vers *Die Föhne färben karge Stauden bunter* verweist aber zugleich auf die folgenden beiden Strophen. Und dies in doppelter Weise: einerseits erneut über die Farbgebung, die in der letzten Verszeile des Gedichtes auf das Hochwertwort *rosenfarben* zuläuft; dann aber vor allem dadurch, dass der Bezirk des noch als Abbild von Wirklichkeit zu Verstehenden in der fünften und sechsten Strophe aufgegeben wird. Denn nun erfolgt ein Übergang von einer noch als real zu begreifenden Landschaft in eine Traumlandschaft, in eine imaginierte Welt, in eine Welt der Stille, der schönen Trugbilder und der *Erinnerung*, hervorgerufen durch den *Föhn*, einen warmen und trockenen Fallwind, der – physikalisch betrachtet – die Wahrnehmung des Menschen verändert; Objekte können z. B. größer erscheinen, als sie es in Wirklichkeit sind. Die Kargheit der *Stauden* greift die Ödnis der Landschaft auf; der Komparativ *bunter* sowie das Verb *färben* bauen wiederum das Wortfeld Farbe weiter auf, das in der letzten Verszeile der vierten Strophe durch die *Röte* (durch das *Blut* wird das Wasser rot eingefärbt) und den letzten Vers des Gedichts durch die *rosenfarbenen Moscheen* abgeschlossen wird. Die *Flut*

Traumlandschaft

steht im Kontext der Hinweise auf das Wortfeld Wasser (*Kanal*, *Fluß*), zu dem (in den folgenden Versen) das Wort *Wassergräben* und die Bewegungsverben *steigen* und *sinken* (Ebbe und Flut) und die *Klippen* gehören. Die *Röte (das Blut)* wird personifiziert, sie *kriecht* durch die *Flut*, *Blut* und Wasser vermengen sich *langsam* (ein Kontrast zur schnellen Bewegung des Zuges auf der Brücke).

Bis zum Ende der vierten Strophe kann man die im Gedicht genannten Elemente, selbst wenn sie bildhaft gestaltet sind, noch auf die äußere Realität beziehen, der visuelle Eindruck der *Stauden* als *bunter* kann z. B. als Folge der Einwirkungen des *Föhns* auf das Wahrnehmungsvermögen des Menschen und durch sich verändernde Lichtverhältnisse, die mit dieser Naturerscheinung einhergehen, erklärt werden. Mit Beginn der fünften Strophe wird aber die kognitive Erfassung der äußeren Wirklichkeit aufgegeben zugunsten einer nur imaginierten bzw. erinnerten Wirklichkeit, die aus *trübem Schlaf* entsteht. Das erste Teilelement dieser vorkognitiven Wahrnehmung ist ein *Flüstern*: Es wird personifiziert (*ertrinken*), es ist eine Art der menschlichen Kommunikation, steht also im Gegensatz zu dem den Menschen in der zweiten Strophe zugeordneten animalischen *Geheul* und bildet von der Lautstärke her den Kontrast zum *Donnern* des Zuges. Nach dem akustischen Eindruck erfolgt ein optischer, ein visueller Eindruck: *Gebilde gaukeln auf*. Diese *Gebilde* sind Trugbilder, sie spiegeln etwas vor (*gaukeln*); erneut wird eine Alliteration verwendet. Diese gaukelhaften *Gebilde* sind ein Produkt von Erinnerungen an ein *früheres Leben*; durch das vorangestellte *vielleicht* wird diese Erklärung der Trugbilder allerdings leicht eingeschränkt. Hier entsteht eine Deutungsoffenheit: Ob sich das *frühere* Leben auf den Sprecher bezieht, etwa seine Jugendzeit, oder auf das Leben in der Vorstadt überhaupt, also auf eine längst vergangene (untergegangene) Zeit, bleibt offen. Dies liegt daran, dass der Sprecher nach wie vor als

Imaginierte und erinnerte Wirklichkeit

scheinbar distanzierter Beobachter auftritt: Er spricht nicht von sich (*an **mein** früheres Leben*), sondern bleibt im Unbestimmten (*an **ein** früheres Leben*). Die Erinnerungen werden, in Abhängigkeit von den Winden, also dem *Föhn*, stärker und schwächer (sie *steigen* und *sinken*).

Die Trugbilder, als *gaukeln(de) Gebilde* in der fünften Strophe noch recht konturlos, werden in der sechsten Strophe zu einer Phantasmagorie gefügt, deren Einzelelemente Abbildcharakter haben, in ihrer Gesamtkomposition aber nur als Traumbild aus Erinnerungen und Wünschen verstanden werden können, die von den *Wolken* ausgelöst werden. (Die Wetterlage *Föhn* ist häufig von ungewöhnlichen und vielfarbigen Wolkenkonstellationen begleitet.) [164] Zunächst tauchen *schimmernde Alleen* aus den *Wolken* auf: Die Alleen stehen im Kontrast zu den *wirr verstreuten Pfaden* (2. Strophe), ihr *Schimmern* bildet einen Gegensatz zu den eher stumpfen Farbtönen braun und grau (1. Strophe). Die Alleen sind belebt mit *schönen Wägen* und *kühnen Reitern* (Bezugspunkte im Kontrast: der *Zug* auf der Brücke, die *Frauen* mit den *Körben* voller *Eingeweide*). Das Traumbild der Erinnerung geht hier also in vorindustrielle Epochen zurück, in die Zeit schimmernder Rüstungen und prächtiger Kutschen. Aber nicht nur die Jetzt-Zeit wird aufgehoben, auch die *öde Stätte* selbst wird verlassen.

Ausweitung des Blicks   Die letzten beiden Verse eröffnen einen Blick, der bis ans Meer und in den Orient reicht (*ein Schiff*, das *auf Klippen scheiter(t)*, *rosenfarbene Moscheen*), wobei der Sprecher auch in der letzten Strophe nicht von sich spricht, sondern durch die Verwendung des unpersönlichen *man* verallgemeinert (*Dann sieht man auch ...*). In dieser Traumwelt wird selbst ein Unglück, die Schiffskatastrophe, zu einem ästhetischen *Gebilde*. (Man mag sich an Caspar David

— — —

164 Hierzu findet man im Internet zahlreiche eindrucksvolle Bilder.

Friedrichs Gemälde *Das Eismeer* aus dem Jahre 1823/24 erinnert fühlen, das ein Schiffswrack inmitten von Eisschollen, die wie Klippen aufgetürmt sind, zeigt.) Die *rosenfarbenen Moscheen* müssen nicht unbedingt als Orte des Glaubens gesehen, sondern können als Symbol für die Märchenwelt des Orients (Märchen aus *1001 Nacht*) interpretiert werden. Unter architektonischem Gesichtspunkt stehen sie allerdings als prächtige und verzierte Sakralstätten in völligem Gegensatz zur Architektur der technischen und industriellen Zweckbauten (*Brückenbogen*, *Kanal*, *Schlachthaus*) sowie zu den Behausungen der Menschen (*geduckte Hütten*) und in ihrer zarten Vielfarbigkeit (*rosenfarben*) im Gegensatz zur *braunen* und *öden* Landschaft der *Stätte*.

Das Gedicht erweist sich als komplex komponiertes Kunstwerk, das in den Strophen 1–4 das schreckliche Abbild einer tristen Vorstadt entwirft, dem in den letzten beiden Strophen ein Wunschbild, eine Traumlandschaft, in der Zeit und Ort entgrenzt sind, gegenübersteht. Durch Wortfelder (Wasser, Farben, Geräusche, Bewegungsverben) und durchgängige Strukturelemente (fünfhebiger Jambus, umarmender Reim, bei dem die erste und vierte Zeile jeweils männlich-stumpfe und die zweite und dritte Zeile weiblich-klingende Kadenzen aufweisen) werden die Strophen in einem Gitternetz vielfältiger Beziehungen und Kontrastbildungen miteinander verbunden. Die in den beiden Schlussstrophen imaginierte Gegenwelt des Schönen kann als sanfter, träumerischer, von Melancholie und Resignation durchzogener kritischer Blick auf die betrauerten Folgen der industriellen Prozesse, die zu einer Zerstörung tradierter Lebensweisen, die auf personalen Beziehungen beruhen, und des ländlich geprägten Lebensraums, nach dem die ausufernden Städte greifen, verstanden werden. Georg Trakl hat diese Entwicklungsprozesse der Zerstörung von Landschaft und Leben in ländlichen Strukturen in seinem Gedicht *Die junge Magd*

Vielfältige Beziehungen und Kontrastbildungen

in die Zeilen gefasst:

Stille schafft sie in der Kammer
*Und der Hof liegt längst **verödet**,*
Im Hollunder vor der Kammer
Kläglich eine Amsel flötet. [165]

Was in *Die junge Magd* noch auf einen einzelnen Bauernhof bezogen wird, ist in *Vorstand im Föhn* auf einen ganzen Landstrich
ausgeweitet: Aus einem einzelnen verödeten Hof ist die *öde Stätte*
geworden, eine Landschaft der Unwirtlichkeit.

---

165 TRA, S. 9 [Hervorhebung nicht im Original, BM]

LITERATUR

Zitierte Ausgabe

Trakl, Georg: *Das dichterische Werk. Auf Grund der historisch-kritischen Ausgabe von Walther Killy und Hans Szklenar.* München: dtv, 2008. → Nach dieser Ausgabe wird aus den Gedichten Georg Trakls mit der Sigle TRA und der Seitenzahl zitiert.

Weitere Ausgaben

Trakl, Georg: *Achtzig Gedichte.* Mit einem einführenden Nachwort von Gunther Kleefeld. Ebenhausen bei München: Langenwiesche-Brandt, 1991.

Trakl, Georg: *In den Nachmittag geflüstert. Gedichte von 1909–1914.* Mit einer Einleitung von Katharina Maier. Wiesbaden: marixverlag, 2009.

Trakl, Georg: *Werke, Entwürfe, Briefe.* Hrsg. v. Hans-Georg Kemper und Frank Rainer Max. Stuttgart: Reclam, 1995.

Sekundärliteratur

Basil, Otto: *Georg Trakl. In Selbstzeugnissen und Bilddokumenten.* Reinbek bei Hamburg: Rowohlt-Taschenbuch Verlag, 2010. → Der Band gibt einen ausführlichen Überblick über Trakls Leben und führt in Grundelemente seines Werks ein.

Blecken, Gudrun: *Lyrik des Expressionismus. Königs Erläuterungen Spezial.* Hollfeld: Bange, 2009.

Blecken, Gudrun: *Lyrik der Jahrhundertwende. Königs Erläuterungen Spezial.* Hollfeld: Bange, 2010.

Diekhans, Johannes (Hrsg.): *Theodor Fontane, Effi Briest.* Mit Materialien. Paderborn: Schöningh, 2009.

Erlach, Dietrich: *Lyrik vom Mittelalter bis zur Gegenwart. Eine thematisch und literaturhistorisch geordnete Gedichtsammlung.* Düsseldorf: Schwann-Bagel, 1986.

Giese, Peter Christian: *Interpretationshilfen. Lyrik des Expressionismus.* Stuttgart: Klett, 1992. → Bietet eine Einführung in die Epoche des Expressionismus und stellt sechs Autoren, u. a. Georg Trakl, in eigenen Kapiteln vor.

Goette, Jürgen-Wolfgang (Hrsg.): *Expressionismus. Texte zum Selbstverständnis und zur Kritik.* Frankfurt am Main: Diesterweg, 1976. → Ein Materialband mit vielen Dokumenten.

Grobe, Horst: *Interpretation zu Arthur Schnitzler: Traumnovelle.* Königs Erläuterungen Bd. 481. Hollfeld: Bange, 2010.

Große, Wilhelm: *Expressionismus. Lyrik.* Mit Materialien. Stuttgart: Klett, 1984.

Habermas, Jürgen: *Die Moderne – ein unvollendetes Projekt. Philosophisch-politische Aufsätze 1977–1990.* Leipzig: Reclam, 1990.

Hotz, Karl (Hrsg.): *Gedichte aus sieben Jahrhunderten. Interpretationen.* Bamberg: Buchner, 1990.

Jahnke, Walter [u. a.]: *Mythos und Mythenbildung. Prometheus – Krieg – Deutschland – Sehnsucht. Vier exemplarische Lyrikreihen für die Sekundarstufe II.* Paderborn: Schöningh, 1992.

Jansen, Josef [u. a.]: *Einführung in die deutsche Literatur des 19. Jahrhunderts, Bd. 2: März-Revolution, Reichsgründung und die Anfänge des Imperialismus.* Opladen: Westdeutscher Verlag, 1984.

Kaiser, Erich: *Arthur Schnitzler. Leutnant Gustl und andere Erzählungen.* München: Oldenbourg, 2008. (Oldenbourg Interpretationen Bd. 84).

Kemper, Hans-Georg (Hrsg.): *Interpretationen. Gedichte von Georg Trakl.* Stuttgart: Reclam, 1999.

Köllman, Wolfgang: *Die „Industrielle Revolution". Quellen zur Sozialgeschichte Großbritanniens und Deutschlands im 19. Jahrhundert.* Stuttgart: Klett, 1968.

Krell, Leo/Fiedler, Leonhard: *Deutsche Literaturgeschichte.* Bamberg: Buchner, 1967.

Krockow, Christian Graf von: *Von deutschen Mythen. Rückblick und Ausblick.* München: dtv, 1997.

Liebchen, Ulrich: *Zwischen Sinnesfreude und Jenseitssehnsucht – Barock.* Düsseldorf: Klett, 2002.

Matzkowski, Bernd: *Wie interpretiere ich?* Hollfeld: Bange, 1997.

Meurer, Reinhard: *Gedichte des Expressionismus: Interpretationen.* München: Oldenbourg, 1992.

Petruschke, Adelheid: *Lyrik von der Klassik bis zur Moderne.* Leipzig: Klett, 2008.

Pfahlmann, Hans: *Die Industrielle Revolution. Soziale Probleme der Industriegesellschaft.* Freiburg, Würzburg: Ploetz, 1985.

Poppe, Reiner: *Gerhart Hauptmann, Der Biberpelz, Vor Sonnenaufgang, Die Weber. Soziales Engagement und politisches Theater.* Hollfeld: Beyer, 1978.

Prenting, Melanie: *Arthur Schnitzler, Traumnovelle.* Hrsg. v. Johannes Diekhans. Paderborn: Schöningh, 2010.

Ripper, Werner (Hrsg.): *Industrielle Revolution und soziale Frage.* Frankfurt am Main: Diesterweg, 1977.

Schillemeit, Jost: *Deutsche Lyrik von Weckherlin bis Benn.* Frankfurt am Main: Fischer, 1979. (Interpretationen Bd. 1).

Schurf, Bernhard/Wagener, Andrea (Hrsg.): *Texte, Themen und Strukturen. Deutschbuch für die Oberstufe.* Berlin: Cornelsen, 2009.

Wiese, Benno von (Hrsg.): *Die deutsche Lyrik. Form und Geschichte. Interpretationen. Bd. 2: Von der Spätromantik bis zur Gegenwart.* Düsseldorf: Bagel, 1957.

Wilpert, Gero von: *Sachwörterbuch der Literatur.* Stuttgart: Kröner, 1969.

Internet
www.bibel-online.net

KÖNIGS ERLÄUTERUNGEN
SPEZIAL

Lyrik verstehen leicht gemacht

→ wichtige Prüfungsthemen in allen Bundesländern
→ ideal zur Vorbereitung

Umfassender Überblick über die Lyrik einer Epoche (mit Interpretationen)

Lyrik des Barock
Best.-Nr. 3022-8

Lyrik der Klassik
Best.-Nr. 3023-5

Lyrik der Romantik
Best.-Nr. 3024-2

Lyrik des Realismus
Best.-Nr. 3025-9

Lyrik der Jahrhundertwende
Best.-Nr. 3029-7

Lyrik des Expressionismus
Best.-Nr. 3026-6

Lyrik der Nachkriegszeit
Best.-Nr. 3027-3

Lyrik der Gegenwart
Best.-Nr. 3028-0

Bedeutende Lyriker: Einführung in das Gesamtwerk und Interpretation der wichtigsten Gedichte

Benn
Das lyrische Schaffen
Best.-Nr. 3055-6

Brecht
Das lyrische Schaffen
Best.-Nr. 3052-5

Goethe
Das lyrische Schaffen
Best.-Nr. 3053-2

Heine
Das lyrische Schaffen
Best.-Nr. 3054-9

Kästner
Das lyrische Schaffen
Best.-Nr. 3057-0

Rilke
Das lyrische Schaffen
Best.-Nr. 3056-3

Trakl
Das lyrische Schaffen
Best.-Nr. 3061-7

Die beste Vorbereitung auf Abitur, Matura, Klausur und Referat